Rainer Welz

Der ältere Läufer

Rainer Welz

Der ältere Läufer

Laufen und Nordic Walken mit 50plus

S. Roderer Verlag, Regensburg 2018

Bibliografische Information Der Deutschen Bibliothek
Die Deutsche Bibliothek verzeichnet diese Publikation in der Deutschen Nationalbibliografie; detaillierte bibliografische Daten sind im Internet über http.//dnb.ddb.de abrufbar.

ISBN 978-3-89783-900-7

2018 Roderer Verlag; Regensburg

Ach, sagt Freunde, ist das Leben nicht schön. Und schaut doch, wie wenig brauchen wir, dass uns das Leben so glücklich gelingt: Das bisschen Bewegung und Anstrengung, die frohe Gemeinschaft unter uns, und dieser helle, heitere Tag mit seinen grandiosen Waldsommergerüchen.

Das ist eine Arznei, die es nirgends auf Rezept gibt. Laufe oder Gehe, Mensch, und gesunde.

Gottfried Oel
(Laufphilosoph, Ultraläufer)

Inhaltsverzeichnis

Anhang

Vorwort und Dank

Vorworte kommen die Aufgabe zu, den Leser für den Inhalt empfänglich zu machen, auf den Inhalt vorzubereiten und falsche Erwartungen zu verhindern.

Viele Laufbücher scheinen wie von einer Mission getrieben, nicht nur auf den Marathon vorzubereiten sondern den Läufer mit ehrgeizigen Trainingsplänen immer noch um ein paar Minuten schneller zu machen. Eine solche Trainingsgeilheit fehlt in diesem Buch – die Tempopeitsche bleibt im Sack. Für den älteren Läufer ist der Weg das Ziel, egal wie weit: 5000m, Halbmarathon, Marathon, Trail und Mountain bis hin zum Ultralauf. Denn die Streckenlänge und nicht das Tempo kommt den physiologischen Bedingungen des älteren Läufers entgegen, denn längstens ist bekannt, dass während das Tempo nachlässt die Ausdauerleistung noch wachsen kann.

Aber auch zum Anfangen mit dem Laufen ist es nie zu spät – einfache, für Anfänger ausgearbeitete Trainingspläne gewähren den Erfolg, und bevor ein älterer Läufer ans Aufhören denkt, sollte er sein bisheriges Training überprüfen, denn über die Jahre haben sich unbemerkt viele Fehler eingeschlichen. Es bedarf nicht viel: ein wenig neue Impulse und etwas mehr Abwechslung im Training und oft stellt sich eine neue Lauffreude ein. Wer dennoch nicht mehr Laufen möchte oder sich mit Knieproblemen quälen muss, für den könnte Nordic Walking oder die sportlichere Variante Power Nordic Walking ein erfolgsversprechender Versuch wert sein.

Daneben finden sich Antworten auf so viele Fragen, die sich für ältere Sportler ergeben. Welches sind die biologischen Ursachen für den Leistungsrückgang, welche Laufleistungen auch im höheren Lebensalter noch erwartet werden können, welches sind die Grenzen des Trainings, welche Leistungen sind im Laufsport auch für sogenannte Späteinsteiger noch möglich? Diese und weitere Fragen, die mit unser aller

Schicksal, älter zu werden und dennoch gute sportliche Leistungen beim Laufen und Nordic Walking vollbringen zu können, werden in diesem Buch behandelt und Lösungen dazu vorgeschlagen.

Kein Buch entsteht ohne ein Initialerlebnis oder einem Mentor, der das Interesse und eine spezielle Sichtweise an einem Thema geweckt und eröffnet hat. Bei mir war es die eigene Erfahrung als ich mir nach über 30 Jahren als Läufer, Laufleiter und Marathonläufer die Frage stellte, ob sich das Laufen noch weiter lohne und mit welchen Zielen und Änderungen das Training verbunden sein muss, um wieder Spaß zu machen. Die Frage hat mich über viele Monate so sehr beschäftigt, dass ich mich entschloss, ein Buch über die veränderten biologischen Bedingungen und sportlichen Möglichkeiten des älteren Läufers zu schreiben. Das benötigte Wissen und die Erfahrung dazu bezog ich aus meinem 30-jährigen sportlichen Leben als Ausdauerläufer, einem langen Regal von in 30 Jahren angesammelter Lauf- und Trainingsliteratur in meinem Arbeitszimmer sowie den vielen Gesprächen mit meinen Lauffreunden. Mein Dank gilt deshalb auch meinen Freunden in der früheren Berglaufgruppe des LLC-Marathon Regenburg. Sie waren über viele Jahre meine Gesprächspartner und haben großen Anteil daran, dass mir nie die Freude am Ausdauersport mit Laufen und später Nordic Walking und Speed Hiking verloren ging.

Auch meine Ehefrau Susanne hat mich in meinem Sport immer bekräftigt und jetzt, wo es mir auch darum geht den Nordic Walking Sport die öffentliche Aufmerksamkeit und Anerkennung zu geben, die er verdient, unterstützt mich meine Tochter Alexandra.

Auch gibt es Menschen, die mir bei der Endfassung des Buches ganz besonders geholfen haben und mit ihrem fachlichen Rat zur Seite standen; immer ansprechbar für meine Fragen waren meine Ehefrau Susanne sowie meine Tochter Alexandra Welz. Am blindesten für die Rechtschreibfehler ist immer der, der sie verursacht hat. Deshalb empfinde ich großen Dank dafür, dass sich Birgit Sommerer-Oel bereit erklärt hat, das Manuskript Korrektur zu lesen. Mit Ihrem Ehemann und meinem Freund, dem „Laufphilosoph" Gottfried Oel verbinden mich viele gemeinsame Läufe und lange Gespräche. Aus seiner Feder sind auch einige prosaische und motivierende textliche Miniaturen in das Buch eingeflossen, die vielleicht gerade für den Neueinsteiger – nach dem eher trockenen Trainingswissen – das Laufen als etwas Schönes und ganz Lebendiges erleben lassen.

Rainer Welz

Regensburg, November 2018

1. Einleitung

Immer mehr Menschen sind unzufrieden mit ihrem bisherigen Alltag, den sie sportlich unausgefüllt erleben. Das Bedürfnis sich aktiv zu betätigen zeigen die hohen Teilnehmerzahlen bei Veranstaltungen der Sport- und Turnvereine. Häufig ist für die Wahl einer bestimmten Sportart die individuelle Wertschätzung und der unproblematische Zugang entscheidend. Weil die Annäherung an die sportliche Aktivität nicht durch ein erst zu erlernendes kompliziertes Reglement verzögert werden soll, entscheiden sich Viele grundrichtig für das Laufen.

Laufen ist die effektivste Form, um sich relativ schnell ein stabiles Grundgerüst an Fitness anzueignen. Wer über ein solches festes Fundament verfügt, kann diese Fitness auch für andere Aktivitäten wie Skilanglauf, Radfahren, Rudern, Schwimmen, Nordic Walking und sportliches Wandern einsetzen.

Deshalb ist es nie zu spät mit dem Laufen zu beginnen. Der Neueinsteiger findet erprobte Trainingspläne, die es ihm ermöglichen in kurzer Zeit sicher auch schon längere Strecken im Laufschritt zu überwinden. Während der Neueinsteiger mit der Motivation der ersten Erfolge sich stetig verbessert, macht sich bei langjährigen und damit älteren Läufern oft Unlust und Trainingsmüdigkeit breit. Das ist leider auch der Grund dafür, dass viele Sportler um die 50 Jahre herum aus Sportvereinen austreten. Damit sind die beiden gegenläufigen Entwicklungen im Laufsport bei den älteren beschrieben:

die einen fangen an - die anderen hören auf.

Aber Aufhören nachdem man Jahre oder Jahrzehnte sportlich aktiv war, das muss nicht sein und ist meist die Folge von Monotonie, von Verletzungen oder von Müdigkeit und Übertraining. Auch das Fehlen neuer sportlicher Ziele fördert nicht gerade neuen Elan und Begeisterung dafür, den Sport weiter auszuüben. Mit dem Buch möchte ich Wege aufzeigen, wie Training wieder Spaß macht und ältere Läufer und Neueinsteiger noch lange mit Freude und den Erfolgen, die das Älter werden noch zulassen, lebenslang ihren Sport ausführen können.

In dem Buch werden zunächst die allgemeinen Grundlagen des sportlichen Trainings aufgezeigt, die zum Verständnis für die späteren Trainingsinhalte und Trainingsmethoden benötigt werden. Nur wer die Grundprinzipien versteht, weiß warum man 10 km anstatt nur 8 km trainieren soll oder warum es angebracht ist, eine Trainingspause einzulegen. Jeder Trainer – auch der Sportler, der nach seiner eigenen Methode trainiert, sollte immer wissen, warum er gerade in dieser Weise trainiert und welche Trainingsmittel er in welchem Maßstab einsetzt. Ohne systematisches Training bliebe alles mehr oder weniger das Ergebnis eines zufälligen Effekts. Im weiteren Verlauf des Buches werden die hier beschriebenen Trainingsmethoden und Prinzipien auf die praktische Durchführung des Lauf- und Nordic Walking Trainings umgesetzt und an der Praxis erklärt. Das im Buch vorgestellte Programm ist für den Anfänger, der eine solide Einführung in das Training sucht, ein wichtiger und grundlegender Ratgeber. Von allen Trainingsregeln steht dabei das Prinzip der Altersgemäßheit im Vordergrund. Auch der Umsteiger, der sich nach vielen zurückgelegten Laufkilometern für das Nordic Walking entscheidet, findet in dem Buch Tipps für den Einstieg und zur Technik sowie fördernde Trainingskonzepte, um sie auf seine sportlichen Ziele anwenden und als ambitionierter Läufer oder Nordic Walker erfolgreich an Wettkämpfen teilnehmen zu können.

Wer die in dem Buch beschriebenen Grundprinzipien des sportlichen Trainings berücksichtigt, sich dies auch immer wieder bewusst macht und sein Training entsprechend vielseitig und abwechseld gestaltet, wird es nicht bereuen, mit dem Laufsport oder Nordic Walking neu begonnen oder die Gedanken an das Aufhören verworfen zu haben: der Gewinn für die Entscheidung *pro Sport* sind Ausgeglichenheit, Freude und neue Freunde, Lebensqualität, gewonnene Lebensjahre und so mancher Endorphinschauer beim Zieleinlauf, der lebenslang in Erinnerung bleiben wird.

2. Alter, sportliche Leistung und Gesundheit

2.1 Langsamer werden merkt man nicht

Keinem Läufer und keiner Läuferin bleibt die Erkenntnis erspart, dass sein oder ihr Lauftempo langsamer geworden ist. Bis es soweit kommt braucht es seine Zeit. Langsamer werden verläuft über Jahre unbemerkt; denn es sind nur Bruchteile einer Minute, die Du z. B. für Deine Trainingsstrecke mit 10,8 km mehr benötigst und aus den Bruchteilen wird nach und nach eine Minute. Zuerst fällt diese Zeitvarianz ja auch nicht besonders auf, über Jahre hinaus, verhält sich das so. Nur der Läufer der protokollarisch jeden Lauf minutiös genau in seinem Lauftagebuch erfasst, kommt so im Verlauf von Jahren nicht umhin Veränderungen in seinem Leistungsabruf festzustellen. Im Lauftagebuch werden die Zeit, Witterungsverhältnisse, Wegebeschaffenheit, Kilometer und Pulsfrequenz, möglichst genau auch die Außentemperatur, auch Gegen- und Rückenwind und viele andere Faktoren beschrieben. So entsteht eine unentbehrliche Sammlung aller äußeren Faktoren, die auf unsere tägliche Trainingsleistung einwirken und die wir so in erklärender Weise interpretieren können.

Die Verlangsamung geht allmählich, mit zunehmendem Lebensalter anfänglich auch meist ganz unbemerkt. Seit den 90er Jahren ist bekannt, dass Läufer schon ab dem 35. Lebensjahr langsamer werden, um 0,5% pro Jahr bei der Marathonstrecke, um 0,8% beim Halbmarathon, 0,6%bei 200m und 0,4% beim 100m Lauf – gleiches Trainingsniveau und Fitness vorausgesetzt. (R. Fair, 1994). Erst nach dem 50. Lebensjahr wird die Einbuße an Geschwindigkeit mit jedem Lebensjahr noch etwas größer.

Wer sich das nicht bewusst macht, darf nicht erstaunt sein, plötzlich zu erleben, wie groß der Abstand zu seinen früher gelaufenen Zeiten geworden ist, wie man am Beispiel eines M60 Läufers beim Prag Marathon sehen kann:

Praxisbeispiel

Hans-Jürgen M. war ein erfahrener Läufer. Sein letzter Marathonlauf mit einer Zeit von 4:18 in Graz lag schon ein Jahr zurück. Im nächsten Herbst war er mit einer Zeit von 4:25 wieder bei einem Stadtmarathon dabei. Das war für ihn eine akzeptable Zeit, denn es ist doch nicht zu erwarten, dass man genau die gleiche Zeit wiederläuft, ebenso und mit etwas Glück - so sagte er sich - hätten es auch 4:08 und 4:05 werden können.

Weiterhin ging er regelmäßig zu seinem gewohnten Lauftreff, trainierte den Winter hindurch mit vorwiegend ruhigen langen Läufen. Und wieder verging ein Winter und der Frühling zog ins Land. Er lief mal wieder seine alte Trainingsrunde für die er jahrelang nur eine Stunde brauchte nun in 1 Stunde 12 Minuten. Da habe ich heute etwas getrödelt, dachte er sich und gab beim nächsten Mal so richtig Gas, geht also noch 1:01. Das 6:00 Dauerlauftempo, das man für eine Marathonzeit von 4: 10 benötigt, ist also noch präsent und kann abgerufen werden, dachte er sich und entschloss sich wieder mit dem Marathontraining zu beginnen, mit dem er sich bisher immer in zwölf Wochen gut für den Lauf vorbereitet hatte. Dieses Jahr sollte es der Prag Marathon sein.

Start um 8.00 am Wenzelsplatz. Aus dem Lautsprecher tönte *die Moldau* von Smetana und wer den Text kannte, sang oder summte mit. Der Startschuss fiel und voll motiviert von der euphorisierenden Musik ging es los, nicht zu schnell und nicht schneller als im 6:30 Tempo ging er es dabei an. Bald kam das 3km Schild und wenige Meter dahinter kündigte das 37km Schild den Rückweg an. Schon wurden ihm bei dem Gedanken, erst nach 34 km wieder hier zu sein die Schritte schwerer. Als er dann tatsächlich mit Strapazen diese Stelle durchlief, waren die 4 Stunden bereits überschritten. Bis ins Ziel dauerte es noch einmal 43 Minuten. Das waren 40 Minuten länger als beim letzten Marathon und auch gleich sind seine Lauffreunde mit entschuldigenden Erklärungen tröstend zur Seite gestanden: Prag sei doch bekannt gewesen für die schlechte Luft wegen der vielen Autoabgase, dann sind da noch die Straßenbahnschienen und das viele Kopfsteinpflaster und die Fahrt zum Startplatz mit der Straßenbahn, die lange Wartezeit vor dem Start – da könne es doch nicht verwundern, wenn man 4:55 benötigt anstatt der üblichen erwarteten 4:15.

So wie an diesem Beispiel illustriert, dürfte es sich um Erfahrungen handeln, die vielen älteren Läufern und Läuferinnen passiert sind. Jeder kann seine eigene Laufgeschichte im Altersübergang dazu erzählen.

Aber in Wirklichkeit wurden die wahren Gründe ausgeklammert: was man auch an dem nächsten Beispiel eines Läufers beim Swiss Alpine Marathon in Davos gut sehen kann, der sein Ausscheiden in einer Email an seine Freunde so geschildert hat:

„Meine Leiden und meine Freuden in den Schweizer Bergen sind vorbei. Ich werde alt. Zum ersten Mal kann ich einen Lauf nicht in der vorgesehenen Zeit beenden. Der Aufstieg auf 2.700 m und zur Keschhütte wurde mir verwehrt, da die Organisation annahm, ich käme dann nicht über den Berg. Und auf dem Berg bleiben wollte ich auch nicht. Die Erschöpften wie die Toten werden mit dem Hubschrauber ausgeflogen. Und bei meiner Flugangst müsste ich also tot sein oder von einer tiefen Bewusstlosigkeit umfangen. Es ist eindeutig: Es liegt nicht am Mangel an Training, es haben mich keine äußeren Dinge beim Laufen behindert. Ich war top in Form, aber ich werde bald 60 Jahre alt. Das muss es sein: Das Alter. Ich bin ihm begegnet: Was sollte ich tun? Nun in all meiner Weisheit, die ich mir während langer Jahre erlaufen konnte, habe ich mich dann hingesetzt und ein Bier getrunken. Das hat recht entspannt."

(Gottfried Oel: Kontrollstation Chants beim 78km Swiss Alpine Davos

2.2 Das sportliche Altern beginnt schon früh

In Wirklichkeit beginnt das Altern im Sport nicht erst dann, wenn sich Erschwernisse einstellen, die Läufer und Läuferinnen nicht verleugnen können. Das Altern beginnt bereits mit dem besten Tag im Sportlerleben: Der Journalist Thomas Hahn schildet das am Beispiel des 5000m Europarekordlaufs von Dieter Baumann.

„Es war ein lauer Sommerabend in Zürich, die Bahn des Letzigrund-Stadions lag in gleißendem Flutlicht. Die Tribünen waren voll, die Luft vibrierte. Trommeln, Applaus, Anfeuerung aus 20000 Kehlen. Baumann rannte ohne Angst durch den prallen, rhythmischen Lärm. Er hatte am Morgen schon den Beschluss gefasst, mit vollem Risiko zu laufen, direkt hinein in die Atemlosigkeit und in den Schmerz, denn sein Ziel war hochgesteckt: Als erster Deutscher wollte er die 5000 Meter in einer Zeit unter 13 Minuten zurücklegen.

Die besten Afrikaner preschten voraus. Baumann kümmerte sich nicht um sie. Er sah nur die Zwischenzeiten, die von der Anzeige am Streckenrand leuchteten. 2:34, 5:08, 7:40. Rekordzwischenzeiten. Mit fließenden Schritten streifte Baumann durch sein persönliches Leistungsgrenzland. Er war am Limit, aber er fühlte sich stark. Baumann spürte, wie die Strapazen des Rennens aufgingen im Hochgefühl, nicht nachlassen zu müssen. Die Leute schrien. Vorne kämpften die Afrikaner um den Weltrekord. Baumann blieb im Takt seines eigenen Rauschs, und er wurde nicht mehr schwach. Er erreichte das Ziel nach 12 Minuten 54 Sekunden und 70 Hundertstelsekunden. Deutscher Rekord, Europarekord“, so beschreibt Thomas Hahn in einem Artikel in der der Süddeutschen Zeitung (2 /3. Mai 2015) den Rekordlauf von Dieter Baumann. Er war damals 32 Jahre alt und am Tag nach dem Rennen dachte er: „So schnell laufe ich nie mehr.“ Die

12:54,70 waren die Spitze von der es ab nun abwärts ging und die Zeiten langsamer wurden.

Auch bei längeren Strecken als den 5000m nimmt die benötigte Zeit immer mehr zu, je älter man wird. Die kürzeste Zeit, die Menschen für den Zieleinlauf bei einem Marathon benötigen, wird im Alter zwischen 30 und 35 Jahren erreicht. Die Chance, danach noch Olympiasieger zu werden, ist vernachlässigbar gering, wie intensiv und qualitativ hochwertig das Training auch immer aussehen mag. Auch mit hohem Trainingsaufwand ist es noch keinem europäischen Läufer gelungen, den Marathon unter 2:10 zu laufen.

Tab.1: Alter der Olympiasieger im Marathon 1948 bis 2016

Emil Zatopek (CSSR)	Helsinki	30 Jahre
Alain Mimoun (FRA)	Melboure	35 Jahre
Abebe Bikila (ÄTH)	Rom	28 Jahre
Abebe Bikila (ÄTH)	Tokio	32 Jahre
Momo Wolde (ÄTH)	Mexiko	36 Jahre
Frank Shorter (USA)	München	25 Jahre
Waldemar Cirpinski (DDR)	Montreal	26 Jahre
Waldemar Cirpinski (DDR)	Moskau	30 Jahre
Carlos Lopez (POR)	Los Angeles	37 Jahre
Gelindo Bordin (IT)	Seoul	29 Jahre
Hwang Young Cho (S-KOR)	Barcelona	26 Jahre
Josia Thugwane (ZAR)	Atlanta	29 Jahre
Gezahenge Abera (ÄTH)	Sydney	25 Jahre
Stefano Baldini (IT)	Athen	33 Jahre
Samuel K. Wangiru (KEN)	Peking	26 Jahre
Stephan Kiprotisch (UGA)	London	26 Jahre
Eliud Kipchonge (KEN)	Brasilien	32 Jahre

Auch bei den olympischen Winterspielen 2018 in Pyeongchang gab die Eisschnellläuferin Claudia Pechstein mit damals schon 46 Jahren ein unfreiwilliges Beispiel dafür ab, dass ein Comeback nicht mehr gelingt. Ihre Ankündigung nach dem für sie enttäuschendem 8. Platz es bei den nächsten olympischen Winterspielen in Peking nochmals zu versuchen (SPIEGEL Online, 8.2.2018) zeugt zwar von hoher Motivation bei gleichzeitiger Verdrängung der biologischen Prozesse. Aber der Wunsch und ihr Ziel sind verständlich, denn das Nachlassen der Kräfte und des Tempos ist so gering, dass es im Training für lange Zeit – manchmal für Jahre - unbemerkt bleibt. Gleichzeitig zeigt ihre Leistung, wie lange es gelingt ein hohes Leistungsniveau zu konservieren und wie erfolgreich auch Leistungssport bis ins hohe Alter aufrechterhalten werden kann, wie die Auswertung der Alterstabelle von Ergebnissen bei Marathonläufen (S.25) gezeigt haben. Bei den besten von Ihnen beträgt die Differenz bei der Weltrekordzeit im Marathon zwischen dem 30jährigen Dennis Kimetto (2:02:57) und dem damals 80 jährigen Kanadier Ed Whitloch (3:15:54) nur 62%. Aber solche Zeiten sind eine Ausnahme, solche Leistungen und die damit erreichten Zeiten sind kein Vergleichsmaßstab für die vielen Millionen Freizeitläufer. Um wieviel % ein Läufer bei unverändertem Trainingszyklus nur durch das Fortschreiten seines Alters langsamer wird können Sie in der Tabelle auf S. 82 des Buches nachrechnen.

Nach einer von Dieter Leyk im Deutschen Ärzteblatt (2010) veröffentlichten Studie soll die Ausdauerleistungsfähigkeit nach dem 30. Lebensjahr um bis zu 15 % pro Dekade abnehmen.

	Altersrange	% Abnahme	Quelle
Leistung im Stundenlauf	40 – 56 Jahre	18%	http:www.loges.de/sportwissen/das-alter-setzt-der-leistung-grenzen/
Altersklassen-weltrekord Marathon	30 – 80 Jahre	62%	http://www.laufreport.de/kolumnen/werth/akrekord/akrekord.ht
Muskel- und Kraftverlust (ohne Training)	50 – 60 Jahre	10%	Klienert, S. 157

Ausdauerleis-tungsfähigkeit	Ab 30 Jahre alle 10 Jahre um	15%	Leyk
Mittlere Mara-thonendzeit	Ab 50 alle 5 Jahre	4 – 5 %	Fair sowie ab S. XX in diesem Buch

Tab. 2: Der Rückgang von Tempo, Ausdauer, Kraft im Altersgang

Ein sehr repräsentatives Bild über die Abnahme der Leistungsfähigkeit im Alter ergibt die Auswertung der Marathon Ergebnis Datenbank. Darin sind für das Jahr 2017 die Ergebnisse aller Läufer und Läuferinnen mit ihrem in diesem Jahr erreichten besten Ergebnis, das sie bei einem Marathon erreicht hatten, gespeichert. Die Tabelle ist im Internet unter *www. marathon-ergebnis.de/ergebnisdatenbank.html* zu finden und ist nach Zeitabständen (Zielzeiten) gelistet. Wie die insgesamt über 20 Seiten umfassende Tabelle aufgebaut ist, kann am Beispiel des hier ausgeschnittenen Tabellenteils für die M50 Läufer dargestellt und erklärt werden.

M50			
2:05:00	0	0,000%	0,00%
< 2:10:00	0	0,000%	0,00%
< 2:15:00	0	0,000%	0,00%
< 2:20:00	0	0,000%	0,00%
< 2:25:00	0	0,000%	0,00%
< 2:30:00	0	0,000%	0,00%
< 2:35:00	1	0,012%	0,01%
< 2:40:00	3	0,036%	0,05%
< 2:45:00	5	0,060%	0,11%
< 2:50:00	10	0,120%	0,23%
< 2:55:00	25	0,301%	0,53%
< 3:00:00	67	0,807%	1,34%
< 3:05:00	77	0,927%	2,26%
< 3:10:00	113	1,361%	3,62%
< 3:15:00	156	1,878%	5,50%
< 3:20:00	188	2,264%	7,77%
< 3:25:00	248	2,986%	10,75%
< 3:30:00	410	4,937%	15,69%

< 3:35:00	294	3,540%	19,23%
< 3:40:00	392	4,720%	23,95%
< 3:45:00	489	5,888%	29,84%
< 3:50:00	465	5,599%	35,44%
< 3:55:00	489	5,888%	41,32%
< 4:00:00	654	7,875%	49,20%
< 4:05:00	358	4,311%	53,51%
< 4:10:00	377	4,539%	58,05%
< 4:15:00	413	4,973%	63,02%
< 4:20:00	361	4,347%	67,37%
< 4:25:00	365	4,395%	71,76%
< 4:30:00	337	4,058%	75,82%
< 4:35:00	248	2,986%	78,81%
< 4:40:00	243	2,926%	81,73%
< 4:45:00	232	2,793%	84,53%
< 4:50:00	190	2,288%	86,82%
< 4:55:00	177	2,131%	88,95%
< 5:00:00	176	2,119%	91,07%
< 5:05:00	126	1,517%	92,58%
< 5:10:00	94	1,132%	93,71%
< 5:15:00	77	0,927%	94,64%
< 5:20:00	71	0,855%	95,50%
< 5:25:00	72	0,867%	96,36%
< 5:30:00	55	0,662%	97,03%
< 5:35:00	47	0,566%	97,59%
< 5:40:00	42	0,506%	98,10%
< 5:45:00	38	0,458%	98,56%
< 5:50:00	17	0,205%	98,76%
< 5:55:00	18	0,217%	98,98%
< 6.00.00	15	0,181%	99,16%
> 6:00:00	70	0,843%	100,00%

Median teilt die Werte der Ergebnisstichprobe in der Mitte sodass eine Hälfte darunter, die andere über dem Wert liegt

Tab.3. Prozentuale Verteilung der Zieleinlaufzeiten bei Marathon in der Altersgruppe M50

Zur Lesart: die obige Tabelle 3 enthält 5 Spalten: in der ersten sind die Zieleinlaufzeiten in 5-Minuten Intervallen eingetragen, dann folgt die genaue Anzahl sowie in Spalte 3 der prozentuale Anteil von M50 Läufern, die diese Zeit erreicht haben. In der vierten Spalte befindet sich der wichtigste Wert, nämlich die kumulativen Prozentwerte mit dem rot unterlegten Median. Der Median ist genau der Wert, der die Gruppe in genau zwei gleiche Hälften teilt. Er weist also die

Anzahl der Teilnehmer aus, die diese Zeit schneller gelaufen sind und jene, die im Vergleich zum Durchschnitt langsamer gelaufen sind. Bei den 50-jährigen Männern lag der Median bei einer Zeit zwischen 4:00 Stunden und 4:05 Minuten. Das bedeutet, dass rund die Hälfte der M50 Läufer dem Marathon unter 4 Stunden, die andere Hälfte über 4:025 Stunden benötigt haben.

Interessant ist auch, dass der schnellste Mann noch in einer hervorragenden Zeit von 2 Stunden und 35 Minuten im Ziel war, und 70 der M50 Männer dafür bereits mehr als 6 Stunden benötigten. Für eine Gesamtübersicht, über das Leistungsvermögen in allen Altersgruppen wurden die insgesamt 20 Teiltabellen für die Altersgruppen M30 bis M75 und F 30 bis F75 nach denselben Kriterien, wie in der oben abgebildeten Tabelle untersucht und ausgewertet. Die Ergebnisse dieser Auswertung sind in der nächsten Tabelle 4 übersichtlich zusammengefasst.

Die Tabelle zeigt, dass erst ab der Altersgruppe der 55-jährigen Männer und Frauen eine deutliche Verlangsamung bei den Laufzeiten einsetzt. Der Unterschied im Medianwert (der Wert, der die Gruppe in zwei gleichgroße Gruppen mit einer langsameren und schnelleren aufteilt) beträgt zwischen den 30-jährigen und 50-jährigen gerade einmal 8 Minuten und bei den Frauen 15 Minuten. Erst danach wird der Altersgradient deutlicher und die Medianabstände größer und nehmen bei den Männern alle 5 Jahre um 10 Minuten und zwischen 65 und 70 Jahren sogar um 20 Minuten zu. Die Tabelle dokumentiert aber auch die enorme Leistungsbreite mit dem Läufer und Läuferinnen auch im höheren Alter noch erfolgreich an Marathons teilnehmen. So laufen zum Beispiel bei den Männern 22 % der 60 – 64-jährigen Läufer schneller als knapp die Hälfte der 40 – 49-Jährigen.

	Best zeit	Unter 4:00h	Median	Gesamt	Bestzeit	Unter 4:00h	Median	Gesamt
	Männer				Frauen			
30	2:20	51,9%	3:52:30	5694	2:30	33,3%	4:15	1743
35	2:10	52,6%	3:52:30	5941	2:50	32,6%	4:17:30	1640
40	2:30	50,8%	3:57:30	6229	2:50	29,9%	4:20	1866
45	2:25	47,4%	3:57:30	8287	2:50	26,1%	4:25	2229
50	2:35	50%	4:00	8304	3:00	19,6%	4:30	1946
55	2:50	38,2	4:12	4645	3:15	13,6%	4:37:50	928
60	2:55	22,2%	4:25	2072	3:25	10,1%	4:50	348
65	3:10	14,%	4:35	850	3:30	5,8%	4:55	1103
70	3:35	6%	4:55	275	4:10	_	4:55	31
75	3:40	_	5:15	132	4:05	_	5:32:30	11

Tab.4:Anteil der unter vier Stunden Läufer und mittlere Zieleinlaufzeiten (Median) im Marathon nach Alter und Geschlecht

Wir verlieren zwar an Tempo aber nicht an Fitness. Auch eine Studie der Sporthochschule Köln mit einer Befragung von rund 160000 Marathonteilnehmern im Alter zwischen 20 bis 80 Jahren (Leyk et.al.2008) belegt die beiden scheinbar so gegensätzlichen Prozesse: der langsame Tempoverlust bei den älteren Läufern und Läuferinnen bei gleichzeitiger Aufrechterhaltung eines überdurchschnittlichen Leistungsvermögens bis in hohe Alter. So absolvierten mehr als 25% der 60 – 70-jährigen Läufer und Läuferinnen den Marathonlauf schneller als die Hälfte der 20 – 50-Jährigen (S. 49).

2.3 Die Physiologie des normalen Alterungsprozesses

Physiologisch wird Altern als ein langsam aber stetig ablaufender multifaktorieller Prozess definiert. Multifaktoriell bedeutet, dass sehr viele Veränderungen im Körper zwar gleichzeitig auf den Alterungsprozess einwirken aber nicht alle bei jedem Menschen im gleichen Alter einsetzen. Demnach besteht eine sehr hohe Variabilität im Verlauf des Alterungsprozesses. So können altersbedingte Veränderungen verzögert einsetzen und sich weniger einschränkend entwickeln, so dass erstaunlicherweise noch ein hohes Maß an Rüstigkeit und Beweglichkeit erhalten bleibt.

Diese physiologischen Veränderungen sind die natürliche Folge der bereits ab dem 30. Lebensjahr einsetzenden Abnahme der Organreserve (Kleinmann 2006, Physiologie des Menschen 2007, S. 960ff). So ist die Kapazität der menschlichen Organe im jungen Erwachsenenalter noch 2- bis 10-mal so hoch wie dies zur Aufrechterhaltung der Homöostase notwendig wäre und das Herzzeitvolumen kann bei Belastung auf das 5-fache des Ruhewertes ansteigen.

Die Faktoren, die den Alterungsprozess vorantreiben sind neben den Genen und zellulärem Stress die Veränderungen der Organe und des Bewegungsapparats sowie der Nervenleitgeschwindigkeit, und betreffen vor allem das Herzkreislaufsystem, die Lungenfunktion, den Stoffwechsel, die Muskulatur und Knochenstruktur. (Kleinmann 2006; Physiologie des Menschen).

Mit der Abnahme der maximalen Herzfrequenz von 220 Schlägen/min auf zum Beispiel nur noch 160 Schläge/min im Alter von 60 Jahren, sinkt auch die maximale Blutmenge, die während einer Minute durch das Herz gepumpt und zu den Organen und der Muskulatur transportiert wird.

Neben dem Herzkreislaufsystem kommt dem Umbau der Lunge eine weitere leistungsminimierende Bedeutung zu. Der

Umbau der Lunge kommt durch die mehrfache Vergrößerung der Alveolen zustande. Im Gegensatz zur Vergrößerung der Muskelmasse, die immer mit einem Zuwachs an Leistung und Kraft verbunden ist, geschieht bei den Alveolen das Gegenteil. Mit der Vergrößerung ist gleichzeitig eine Verkleinerung der für den Gasaustausch wichtigen Gesamtoberfläche verbunden. Im jungen Erwachsenenalter wird die Zahl der Lungenbläschen auf ungefähr 300 Millionen und ihre Gesamtoberfläche auf 80–120 m^2 geschätzt. Die Lungenbläschen sind von kleinsten Blutgefäßen, dem Kapillarsystem verbunden. An den Stellen wo diese Kapillaren und die Alveolen aufeinandertreffen, tritt durch Diffusionsprozesse Sauerstoff in das Blut ein. Gleichzeitig wird aus dem Blut das Kohlenstoffdioxid in die Alveolen transferiert und von dort wieder ausgeatmet. Die Anzahl der Alveolen wird im Altersgang geringer, die Wände zwischen Alveolen werden teilweise abgebaut, auch verschmelzen benachbarten Alveolen stark miteinander. Dadurch vergrößert sich ihre Oberfläche, aber die für den Gasaustausch zur Verfügung stehende Gesamtoberfläche verringert sich. Und da die Oberfläche eines Körpers im Verhältnis zu seinem Volumen umso größer ist, je kleiner ein Körper ist, muss die Sauerstoffmaximalaufnahme (VOmax) abnehmen und lässt sich durch kein Training vollkommen ausgleichen.

Als weitere Einschränkungen kommt die verringerte Kraft beim Aus- und Einatmen hinzu. Das Zwerchfell und die Muskulatur zwischen den Rippen werden im Altersgang schwächer, die Brust ist beim Atmen weniger dehnbar, und die Verminderung der Flimmerhärchen erschweren die Reinigung der Lunge und der Bronchien.

Schließlich droht durch die Veränderung des Kalziumstoffwechsels, insbesondere beim stabilisierenden Knochengerüst, eine Entmineralisierung mit der Gefahr der Osteoporose, die zu Ermündungsfrakturen zur Folge haben kann. Bei der Muskulatur schwindet ohne Training rasch die Kraft bei teilweiser Einlagerung von Fettgewebe. Zwischen dem 50. und dem 60. Lebensjahr werden wenig beanspruchte Muskeln durch Fett ersetzt. Analysen zur Veränderung des Körperfetts im Laufe des Lebens belegten, dass es trotz lebensbegleitender sportlicher Aktivität zu einer erhöhten Fetteinlagerung und Kraftabnahme in der Muskulatur kommt. Das bedeutet, dass ein lebensbegleitendes Krafttraining nötig ist um Muskelmasse und Kraft möglichst lange auf hohem Niveau zu erhalten. Aber auch die Trainierbarkeit der Muskulatur nimmt - wie die Kraft selbst -kontinuierlich ab.

Abnahme der Muskelmasse führt auch zu Abnahme der Mitochondriendichte und Glycolysespeicher in der Muskulatur

2.4 Läufer und Läuferinnen altern langsamer

Es ist weniger die Frage ob wir langsamer werden, sondern wie schnell der Prozess voranschreitet. Als Läufer oder Läuferin können wir den Alterungsprozess aktiv beeinflussen und steuern, denn unabhängig vom kalendarischen Alter ist die Spannbreite im biologischen Alter sehr hoch. Lebenslanges Ausdauertraining vermag diesen Prozess deutlich zu verlangsamen. Alterungsbedingte Veränderungen treten so später oder im Beschwerdeausmaß deutlich weniger einschränkend auf. Wir können das Altern nicht aufhalten, vielleicht aber positiv verzögern. Beständige Bewegung führt zu einem hohen Maß an Flexibilität, Ausdauer und Fitness. Ein positives Lebensgefühl stimuliert alle anderen Lebensbereiche und erhöht die Autonomie und Lebensqualität im fortschreitenden Alter.

Schon vor mehr als 40 Jahren, es gab weder den Berlin Marathon noch den New York Marathon – veröffentlichte Ernst van Aaken sein in 16 Sprachen übersetztes Buch „Programmiert für 100 Lebensjahre“. Darin machte der Arzt und Lauftrainer auf die positiven Effekte des Ausdauertrainings aufmerksam. In Deutschland gilt er als Pionier des Ausdauersports und gilt und Begründer des nach seinem Wohnort benannten Waldnieler Ausdauertrainings. Er trainierte in den

1960er Jahren die gesamt deutsche Elite im Langstreckenlauf und war ein vehementer Befürworter der lebenslangen Dauerleistungsfähigkeit. Laufen galt für ihn diskussionslos als Grundlage für Gesundheit und Leistungsfähigkeit bis ins hohe Alter. Sein bekanntester Läufer war Harald Norpoth, der bei den olympischen Spielen in Tokyo 1960 den 2. Platz im 5000m Lauf errang und in einer Zeit von 13:20 gewann und auch Europameister wurde. Seine vielleicht größte Anerkennung für seine wissenschaftliche Arbeit im Zusammenhang mit der Dauer-leistungsfähigkeit und der gesundheitsprophylaktischen Wirkung des Laufens war 1979 seine Benennung als Kandidat für den Nobelpreis.

Inzwischen bestätigen umfangreiche epidemiologische Studien übereinstimmend, dass Laufen einen positiven Einfluss auf das Herz-Kreislauf-System hat. Laufen stärkt die Atmung, das Muskelsystem und den Bänderapparat, auch schützt es das arterielle System durch eine verbesserte Durchblutung. Die beiden zivilisatorischen Krankheitsgeiseln in der westlichen Kultur, überhöhte Cholesterinwerte und ein überhöhter Blutdruck, die beide kausal als Risikofaktoren für die Auslösung von Schlaganfällen verantwortlich sind, werden durch eine angemessen moderate sportliche Aktivität deutlich positiv beeinflusst. Wesentlich aber ist der psychologische und emotionale Gewinn, den man auf einfache Weise durch das Training erhalten kann. Die Zunahme an Selbstvertrauen, eine deutliche Hebung des Wohlbefindens stellt sich ein; mentale Ausgeglichenheit und ein neues attraktives Körpergefühl bilden sich atmosphärisch. Auch im Zusammenhang mit dem psychischen Befinden werden sportlichen Aktivitäten antidepressive und allgemein stimmungsverbessernde Effekte zugeschrieben. Im folgenden Text wird genau diese Veränderung als subjektives Glücksempfinden während eines Laufes illustriert.

„Lauf, lauf nur, heute ist das Leben so leicht wie diese Küste, dieser See, diese Berge, die sich für dich verschenken. Diesen Moment kannst du dir nicht kaufen, aber er ist der deine, wenn du bereit bist ihn sorgsam anzunehmen. Ich bin ein Läufer und die Welt durch die ich komme, erfreut mich immer mehr, auch je älter ich werde. Zwanzig Jahre ist es her, seitdem ich mein Leben mit Laufen verändert habe und das erscheint mir als großes Glück. Im Leben braucht es manchmal Wendepunkte, die man entschieden setzen muss, damit sie wirksam werden. Wie wir es zulassen, leben wir unser Leben" (Gottfried Oel. Gedanken beim Laufen von Garda nach Malcesine, 2017).

Eine aktive, sportliche Lebensführung basiert auch als Abwehrschild gegen andere gesundheitsrelevante Verhaltensmuster wie Rauchen, einseitige Ernährung und übermäßigen Alkoholkonsum. Der „sportliche" Mensch beeinflusst deutlich auch andere soziale Bedingungen seines Lebens, indem er durch das gemeinsam agierte Training in eine soziale Kommunikation miteinbezogen wird, die ihn in Verbindung mit sozialen Unterstützungssystemen bringt und den Kontext seiner sozialen Kontakte positiv erweitert. Die große Breite der auf nahezu alle Organe und Funktionssysteme ausgerichteten positiven Effekte des Laufens sind in der nachfolgenden Tabelle übersichtlich zusammengefasst. Bei der seelischen Gesundheit reichen schon kleine und geringfügige Stimuli aus, um vorrübergehend Ruhe und Wohlbefinden wiederherzustellen. So fanden Reinhold Fartacek und Mitarbeiter der Universität Innsbruck (2017), dass schon eine einzige Bergwanderung von drei Stunden zu einer positiven Veränderungen der psychischen Gesundheit führt. Besonders wirksam ist Wandern und leichtes Bergsteigen. Aber auch schon spazieren gehen in der Natur wirkt einer Depression entgegen. Allerdings scheint der Faktor „Natur" dominant zu sein, denn gleich langes Gehen in der Stadt zeige keine adäquate Wirkung.

*Tab.5: Gesundheitsförderliche Wirkungen des Laufens**

Herz	Absinken von Ruhepuls und Belastungspuls. Durch den niedrigeren Ruhepuls vergrößert sich die Auslastungsbreite zwischen Ruhepuls und Maximalpuls und das Herz gewinnt an Elastizität, Erweiterung der Herzkammern und Vergrößerung des Schlagvolumens mit dem Vorteil einer ökonomischeren Herzarbeit sowohl in Ruhe und bei Belastung. Damit einher geht eine Vergrößerung des Herzminutenvolumens, eine verbesserte Durchblutung des Herzmuskels, eine Vergrößerung der maximalen Sauerstoffaufnahme, eine Verbesserung der kardiovaskulären Blutversorgung durch vermehrte Kapillarisierung im Bereich des Herzmuskels. Die durch körperliche Aktivität erzielbare Mehrdurchblutung ist um etwa das 15 bis 20fache stärker als dies durch die wirksamsten Pharmaka zu erreichen wäre (Weineck, 2007, S. 1006)
Gefäßsystem und Blut	Geringeres Risiko von Arteriosklerose Geringeres Schlaganfallrisiko Abnahme des Blutfettspiegels und Erhöhung des DHL-Cholesterin-Anteils Geringere Stresshormonausschüttung Bessere Versorgung der Muskulatur und Organe mit Sauerstoff Blutvolumenzunahme
Peripherer Kreislauf	Verbesserte Kapillarisierung im Skelettmuskel. Vergrößerung des Kapillardurchschnitts und Neubildung von Kapillaren Verbesserung der intramuskulären Blutverteilung Senkung des systolischen Blutdrucks Vorbeugung gegen erhöhten Blutdruck
Atmung / Lunge	Verbesserung der Atmungsökonomie Vergrößerung der Respirationsfläche Verbesserung der alveolokapillaren Diffusionskapazität Weitung von Lungenvenen und -Arterien

	Vergrößerung des maximalen Atemminutenvolumens Verbesserte Atmungsökonomie bei vergleichbaren Belastungen
Muskulatur	Verbesserte Durchblutung Verbesserte Sauerstoffaufnahme Verzögerung des altersbedingten Muskelschwunds Geringere Gefahr von altersbedingten Stürzen
Immunsystem	Stärkung des Immunsystems Vorbeugende Wirkung gegen Tumorerkrankungen Geringeres Erkrankungsrisiko für Brustkrebs und Darmkrebs
Regeneration	Beschleunigte Erholung und verbesserte Regenerationsfähigkeit Verbesserter Schlaf
Skeletterales System	Vorbeugende Wirkung gegen Osteoporose, da höhere Knochendichte und verminderter Kalziumverlust Erhalt der Gelenkbeweglichkeit
Leistung	Verbesserte Ausdauerleistungsfähigkeit und gesteigerte Leistungsfähigkeit in Beruf, im Alltag und in der Freizeit
Psyche	Verbesserung des Wohlbefindens Abbau von Stress, Anspannung und Ängsten Antidepressive Wirkung Größeres Selbstwertgefühl
Sonstige	Verbesserte Libido Geregeltere Verdauung Geschärftes Denk- und Wahrnehmungsvermögen Wirkt Diabetes Mellitus Typ II entgegen
Risikofaktoren	Vorbeugung von Herz- und Kreislauferkrankungen durch Abschwächung und Beseitigung von Risikofaktoren wie Übergewicht, erhöhte Blutfettwerte, erhöhter Harnsäure und Bewegungsmangel

* nach: Weineck, 2007; Diem 2002, Sallis und Owen 1998, van Aaken 1993; Kleinmann 2006; Glenn, C.R., Adeel, S. und Zolt, A. 2015; Fartacek, R. 2017)

Noch aussichtsreichere Chancen für eine gute Gesundheit und langes Leben hat, wer lebenslang Ausdauersport auf Wettkampfniveau betrieben hat. Das war das Ergebnis einer Studie der University of Science and Technology in Trondheim. Sie fanden, dass Menschen, die lebenslang auf Wettkampfniveau Ausdauersport betrieben haben, biologisch betrachtet bis zu 20 Jahre jünger sein können als Gleichaltrige, die sich nur moderat oder gar nicht sportlich betätigen. (Süddeutsche Zeitung 2. März 2018, S. 14)

Wettkampfniveau heißt nicht Hochleistungssport, sondern die Bereitschaft, sich so fit zu halten und so viel Trainingsdisziplin aufzubringen, dass die Teilnahme an Wettkämpfen oder Volksläufen immer möglich ist und leichtfällt.

Langsames Laufen - am Anfang von Gehpausen unterbrochen - ist von kaum zu überschätzendem gesundheitlichen Wert. Es heilt und verhütet viele Krankheiten. Ich zähle in zwangloser Reihenfolge einige davon auf:

- Kreislaufstörungen
- gewisse Formen der Herzrhythmusstörung
- gewisse Grade der Herzinsuffizienz
- Rehabilitation von Infarkten
- vegetative Dystonie
- Hypertonie (zu hoher Blutdruck)
- Hypotonie (zu niedriger Blutdruck)
- Behinderung des Durchflusses von Venen und Arterien
- Übergewicht
- Zuckerkrankheit
- Hypercholesterinämie
- gewisse Allergien
- Depressionen
- Anämien (Mangel an Blutbestandteilen)
- Rehabilitation von Knieoperationen und Verletzungen
- Periostitisfälle der unteren Extremitäten

Laufen trainiert zusammengenommen alle fünf Bereiche der motorischen und sensorischen Qualitäten, die in einzelnen Sportarten oft nur isoliert und spezialisiert in den Vordergrund treten: Kraft, Ausdauer, Schnelligkeit, Flexibilität und Koordination. Die folgende Übersicht gibt Auskunft über die präventive Bedeutung, die in den einzelnen Trainingsbereichen durch regelmäßiges Lauftraining evoziert wird. Je nach Wahl einer Hauptbeanspruchungsform ergeben sich auch relevant unterschiedliche Trainingsinhalte, die in der nachfolgenden Tabelle zusammengefasst sind.

Trainingsbereiche/ Hauptbeanspruchungen	Präventive Bedeutung	Trainingsinhalte
Ausdauer	Prävention degenerativer Herz-Kreislauf-Erkrankungen	Belastungen nach der extensiven Dauermethode durch lange Läufe
Kraft	Prävention degenerativer Veränderungen des aktiven und passiven Bewegungsapparates (z.B. Muskelrückbildung, Osteoporose)	Kraftausdauertraining aller Muskelgruppen (z.B Bergaufläufe, Treppensteigen, Hopserlauf)
Schnelligkeit und koordinative Fähigkeiten	Prävention von Unfällen und Verletzungen. Hierfür sind vor allem kognitive Schnelligkeitsfaktoren wie Wahrnehmungs- Entscheidungs- und Reaktionsschnelligkeit wichtig	Kleine und große Sportspiele, Laufen in unregelmäßigen und gestuften Geländeformen, Lauf ABC mit Kniehebeläufen, Anfersen und Tippling
Beweglichkeit	Prävention muskulärer Dysbalancen	Stretchingübungen für alle zur Verkürzung neigenden Muskelgruppen

Tab.6: Trainingsinhalte und präventive Bedeutung des Kraft-, Ausdauer-, Koordinations- und Beweglichkeitstrainings

Was bringt uns in Bewegung? Was macht uns die Anstrengung, die erst einmal auch damit verbunden ist, vergessen? Welche Erfahrungen dürfen wir erwarten? Eine schöne Zusammenfassung elementarer Einsichten, die uns durch das Laufen oder Walken geschenkt werden, lesen wir nun:

„Die Türe zum Laufen steht für den, der nur damit anfängt, jederzeit offen. Denn Laufen (Walken) ist eine allgemeine und recht gleich verteilte menschliche Eigenschaft, weil es eigentlich gänzlich talentfrei ist. Die Ausdauer und allgemein die Fähigkeit, seine Ermüdung immer weiter hinauszuschieben, sind trainierbar. Über die Laufmotorik verfügt jeder Mensch von Grund aus. Dabei gilt ein ganz allgemeines Laufprinzip: Jeder Lauf ist individuell und unvergleichbar, weil er ein Erlebnis ist, eine möglichst tiefe Erfahrung über die man sich mit anderen austauschen muss. Es sollte beim Laufen (Walken) nicht die Anstrengung um jeden Preis im Vordergrund stehen, sondern jeder sollte die Erfahrung machen können, dass die läuferische (!) Fortbewegung ihm einen ständig frischen Quell an Glücks- und Freiheitserfahrungen zu schenken vermag. Die Streckenlänge oder die Dauer ist dabei nicht so wichtig. Man sollte so laufen, dass sich ein je individueller Trainingszustand einstellt, wo Laufen (Walken) in der Balance des eigenen Vermögens als erfahrungserweiternd und lebensbereichernd empfunden werden kann"(Gottfried Oel, Laufend Unterwegs 2016, S.)

Wer im Alter, also im 60. oder 70. Lebensjahrzehnt stehend oder erstrebenswert älter, noch in Bewegung ist, sollte sich folgender einfachen Regel nicht verschließen:

„Es ist das Einfachste im Einfachen beim Unterwegssein: Lebendigkeit spüren, Selbstvergewisserung, Einklang mit seinem Sosein, dem Jetzt, dem Kommenden zu trauen. Das gelingt auf einfache Weise: Das Unterwegssein braucht eine Balance mit den je eigenen Kräften. Es gibt eine Grenze für ältere Menschen, die man kennen muss. Wo auf der Waage des Glücks die Schale der Empfindung sinkt, weil der Schmerz durch die Anstrengung wirklich beginnt, da ist es Zeit den Lauf oder den Weg zu beenden. Laufen und Walken hat neben aller Disziplin, Anstrengung und Kampf (wie in jungen Jahren) auch noch einen anderen Aspekt aufzuweisen, den man allzu oft vergisst: Laufen als Genuss" (Gottfried Oel, Laufend Unterwegs)

3. Die einen hören auf, die anderen fangen an

3.1 Zum Anfangen ist es nie zu spät

Das Buch hieße nicht der ältere Läufer, wenn es nicht möglich wäre auch nach dem 50. Geburtstag oder am Ende der Berufstätigkeit noch mit dem Sport zu beginnen.

Wenn man das Leben als eine lange Kette und Reihe von lebensverändernder Ereignissen versteht, dann gibt es wohl selten so günstige Gelegenheiten seinem Leben neuen Schwung, zu geben, wie in der Zeit wo das Berufsende näher rückt. Wäre dies nicht ein guter Zeitpunkt, sich einen Ruck zu geben, um mit dem Laufen oder Nordic Walking zu beginnen oder auch, wenn man früher schon sportlich engagiert war, es wieder aufzunehmen? Gerade in biographischen Phasen des Übergangs (Adoleszenz, Elternzeit, Auszug der Kinder, Pensionierung) sind neue Formen der Orientierung notwendig. Wenn diese Übergänge positiv gelingen, wenn sie mit neuer Energie und mit Leidenschaft kombiniert sind, dann wird der weitere Lebensweg sozial und emotional aktiv gesteuert.

Der menschliche Körper verliert im Altersgang zwar unausweichlich einen Teil seines Leistungsvermögens, aber wir können auf die Geschwindigkeit des Rückgangs ganz erheblichen aktiven Einfluss nehmen. Das gelingt ausnahmslos aber nur durch körperliche Aktivität. Deshalb hat Resignation hier keinen Platz. Sport zu treiben, ist die einzige Möglichkeit länger zu leben. Es gibt keine Altersbegrenzung um nicht wieder mit dem Ausdauersport zu beginnen. Es ist eine Frage der Einstellung, der Einsicht und der mutigen Entscheidung, es einfach zu tun.

Wer mit dem Laufen oder Nordic Walking beginnt, wird durch Training eine Verbesserung seiner Fitness erreichen. Ein Training, zweimal in der Woche wiederholt mit einer Dauer von ca. 60 Minuten reicht dafür aus. Die früher einmal getroffene Feststellung, dass ältere Sportler nicht mehr trainierbar sind, hat sich gerontologisch und sportwissenschaftlich als grundfalsch erwiesen. Inzwischen besteht in der Sportmedizin lautere Einigkeit darüber, dass ältere Sportler auch jenseits des 50. Lebensjahr genauso wie jüngere Sportler trainierbar sind.

Das Anpassungsniveau des älteren Sportlers hängt jedoch von seinem individuellen Grad der Belastbarkeit ab, natürlich von der Sportart, die er gewählt hat und selbstverständlich von seinen Leistungszielen, die er sich noch setzen möchte. Der ältere Sportler muss sich nach den gleichen Trainingsprinzipien wie der jüngere Sportler belasten, allerdings angepasst an seine Grundfitness und beginnend auf niedrigerem Niveau.

Anzuraten ist jedoch vor Beginn des regelmäßigen Ausdauertrainings eine gründliche ärztliche Untersuchung und eine Unbedenklichkeitsbestätigung zur Ausübung des Lauf- oder Gehsports. Die Bestimmung des Fitnesszustands und die daraus resultierenden Trainingsempfehlungen sind der Garant für den baldigen Erfolg. Dieser wird umso rascher erreicht, je entschiedener ein Entschluss gefasst worden ist, je regelmäßiger dann eine sportliche Tätigkeit ausgeübt wird und wie effektiv es gelingt eine gelegentliche Unlust abzuwehren.

Laufen ist die effektivste Form, sich relativ schnell eine feste Basis an Fitness anzueignen. Wer dann über ein so erworbenes festes Korsett an Fitness verfügt, kann diese Fitness selbstverständlich für andere Aktivitäten wie Skilanglauf, Radfahren, Rudern, Schwimmen oder Nordic Walking einsetzen. Wer später einmal vom Laufen auf Nordic Walking umsteigen möchte, hat sich eine solide erworbene Ausdauerbasis geschaffen und ist gleich zu Beginn den meisten Walkern gegenüber im Vorteil.

Mit ein wenig Trainingsfleiß und dem notwendigen Talent, Verletzungsfreiheit vorausgesetzt, ist es durchaus realistisch für Sportler der Generation 50plus noch ein Marathontraining aufzunehmen, durchzuhalten und mit einem Finish zu krönen.

Dabei Glücksmomente zu empfinden, die lebenslang in Erinnerung bleiben werden, ist die Belohnung für alle Mühen, die ein Training auch abverlangt.

3.2 Erfolgreiche Altersläufer

Wer Talent hat, kann auch im höheren Alter noch Leistungen und Ergebnisse erzielen, die denjenigen von jüngeren Läufern in Nichts nachstehen. Es gibt sie immer wieder, die Späteinsteiger, die mit der Rente eine zweite sportliche Karriere aufbauen, wie z.B. Horst Preisler – aber es sind die Ausnahmen.

Ausnahmeläufer Horst Preisler lief 1762 Marathons und Ultraläufe

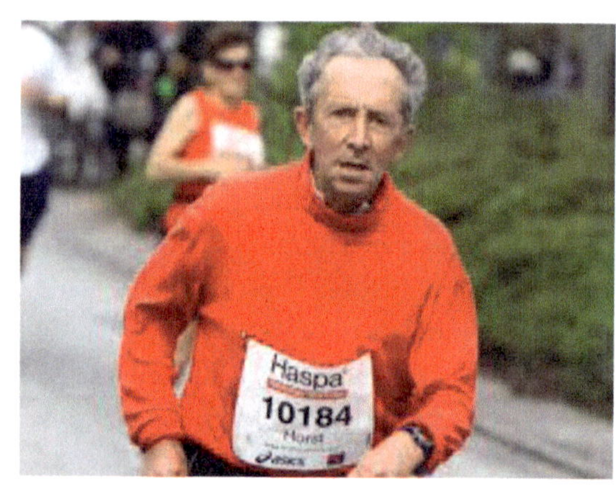

Abb.1 Ausnahmeläufer Horst Preisler

Preisler fing zwar schon mit 39 Jahren mit dem Laufen an, aber richtig losgelegt hat er erst als sich sein Berufsende als Leiter der Personalabteilung am Hamburger Berufsgenossenschaftlichen Unfallkrankenhaus näherte. Zwischen seinem 60. bis zu 76. Lebensjahr war er Sammler von Marathons und brachte es während kürzester Zeit insgesamt auf die unvorstellbare Zahl von 1762 Marathon- und Ultraläufen und schaffte es auch immer als Erster in seiner Altersklasse. (http://www.wikiwand.com/de/Horst_Preisler).

„Horst setzt Schritt um Schritt, der ermüdete Körper wird durch einen starken Willen auf der Bahn gehalten. Es ist vier Uhr nachts, aus ersten Frühnebelfäden weben sich weiße Schleierbahnen durch die das Stadionlicht nur diffus hin durchzudringen vermag. Bleierne Zeit. Der Wettkampf dauert schon 18 Stunden. Mein Herz schlägt für Horst. Mehrmals in den nächsten Stunden überrunde ich ihn auf dieser 1. 600 m langen Strecke. Schleppenden Schrittes hat er die Nacht durchwandert. Mit Bewunderung und Empathie überhole ich ihn schweigend. Wir alle schweigen und sind doch auf einfache Weise im innersten Wesenskern miteinander verbunden. 81 Jahre ist er und die unverletzliche Abgeklärtheit des Alters und die Kraft von tausenden von Läufen trägt ihn durch den Tag, durch die Nacht, durch den Tag. Am Ende wird er noch über 100 km weit gelaufen sein." (Gottfried Oel. Deutsche Meisterschaft im 24 h Lauf 2016 in Reichenbach/Vogtland)

Ein weiteres Beispiel ist die beeindruckende Läuferkarriere von Clemens Wittig. Er absolvierte seinen ersten Marathon im Alter von 49 und wurde von Jahr zu Jahr immer besser; mit 56 erreichte er seine persönliche Bestzeit von 2: 50 beim Hannover Marathon und läuft – inzwischen 80 jährig den Marathon mit einer Zeit von 3 Stunden und 39 Minuten immer noch deutlich unter 4:00 Stunden (Süddeutsche Zeitung, Nr. 285, 12.12.17, S.9) Auch wenn er von sich behauptet, kein besonderes Talent zu haben, sondern er nur sehr diszipliniert trainiere, so muss man diese sehr bescheidene Selbstauskunft doch relativieren. Wer solche Zeiten zu laufen in der Lage ist, benötigt auf jedem Fall ein besonderes Talent und die genetischen Voraussetzungen, die ihn vor Verschleißverletzungen schützen. Um über Stunden hinweg ein hohes Dauerlauftempo aufrechtzuhalten, ist ein besonderer Muskelfasertyp, der dieses Tempo erst physiologisch möglich macht, voraussetzende Bedingung.

Beide Läufer sind aber auch ein Beispiel dafür, dass es Menschen gibt, die durch ihre Körpereigenschaften prädestiniert zur Ausübung einer spezifischen Sportart sind. Welche Art von Sport nun zu meiner körperlichen Belastungsausstattung passt, weiß man in der Regel nicht vor den Erfahrungen, die man durch Ausprobieren erforschen kann. Mir selbst ging es so als ich nach dreißig Laufjahren, in denen ich immer nur im Mittel- oder Hinterfeld ankam, wegen einer Knieverletzung zum Nordic Walking wechselte und schon ein Jahr später (2013) den sechsten Platz bei der Nordic Walking Halbmarathon Weltmeisterschaft belegte. Nie vorher hatte ich mich jemals im Gehsport erprobt.

Diese genetischen Vorteile sind Voraussetzung für jeden großen sportlichen Erfolg – egal in welchem Alter – wenn hohe Motivation, Disziplin und das richtige Training zusammenkommen. Aber die Läufer, die in den Genuss eines solchen Talents kommen, sind die Ausnahme.

Die Teilnahme an Laufveranstaltungen – vom 5 km Volkslauf bis zum Marathon und darüber hinaus, sind das Salz in der Suppe des Trainings; sie strukturieren das Training und geben ihm neben den gesundheitlichen Vorteilen auch einen sportlichen Sinn. Die einzige Voraussetzung dafür ist ein wenig Disziplin und ein abwechslungsreiches Trainingsprogramm, denn die Ausdauer lässt sich antrainieren wobei der Tempofähigkeit genetisch bedingte Grenzen gesetzt sind. Deshalb kommt im Alter auch dem olympischen Gedanken „Teilnehmen ist wichtiger als Siegen“ seine ganz besondere Bedeutung zu.

3.3 Einsteigerpläne

Am einfachsten gelingt der Start in das neue Laufzeitalter, wenn man sich einer Gruppe unter Anleitung eines Übungsleiters oder eines erfahrenen Läufers oder einer Läuferin anschließen kann. Das Laufen in der Gruppe empfinden die meisten als Vorteil, weil sie sich mit Gleichgesinnten zusammenfinden und sich gegenseitig über ihre Trainingsfortschritte austauschen können. Mit dem Gruppenanschluss wirkt auch etwas Disziplinarisches mit. Man fühlt sich festgelegt und der gemeinsamen Gruppe gegenüber verpflichtet. Ein erfahrener Übungsleiter wird auch immer in der Lage sein ein paar praktische Übungen und sportwissenschaftliches Basiswissen zu den gerade durchgeführten Trainingseinheiten zu vermitteln. Denn das genau ist es ja, was einen sinnvollen Trainingsplan ausmacht: Immer muss man wissen, worauf es ankommt, wie Trainingsreize gesetzt werden müssen, warum kurze und lange Trainingseinheiten sich abwechseln und wann genau Trainingspausen notwendig sind (Superkompensation). Dabei haben die langen Sauerstoffläufe immer Vorrang vor einem rasanten, hochverletzungsanfälligen Tempotraining.

Trainingspläne für Einsteiger gibt es viele: sie unterscheiden sich in ihrer zeitlichen Dauer zwischen vier Wochen (Kuhn et. al. 2004) und einem halben Jahr (Prochnow und Welz 1999), in der gewählten Eingangsbelastung und dem Trainingsziel. Je länger die am Ende des Einsteigertrainings ohne Pause zu bewältigende Lauftrecke sein soll, umso mehr Wochen ist das Einsteigertraining ausgedehnt. Alle Pläne sind für Frauen und Männer gleichermaßen geeignet, wobei im Mehrwochenverlauf die Gehpausen kürzer und die Lauf- bzw. Trabphasen länger werden. Wenn es nicht regnet, ist es vorteilhaft ein paar gymnastische Lockerungsübungen durchzuführen und am Ende des Trainings noch ein paar Übungen zur Entspannung und zur Muskeldehnung anzuschließen. Anstelle der gymnastischen Aufwärmübungen ist bei Kälte, Regen und Wind wegen der Auskühlung beim Stehen eher ein leichtes und langsames Einlaufen sinnvoll, weil durch die gewonnene Anregung der Blutzirkulation eine schnellere Erwärmung erfolgt.

3.3.1 Was wird zu Beginn benötigt

Um mit dem ersten Schnuppertraining zu beginnen, braucht es nicht viel: ein Paar gute Laufschuhe und eine an die je aktuellen Witterungsverhältnisse angepasste Outdoor-Bekleidung. Das sollte zu Beginn erst einmal ausreichen. Bei den Laufschuhen muss man nicht das neueste Modell kaufen. Wer nach einem Vorjahresmodell fragt, kann bei gleicher Qualität eine Menge Geld sparen. Das liest sich zunächst auch einfach und doch sollte der Kauf eines Laufschuhs im Internet vermieden werden, denn zu groß sind die Unterschiede für einen Laien kaum noch zu überschauenden Laufschuhangebot. Besonderes Augenmerkt sollte auf die Stabilität und das Fußbett des Schuhs gelegt werden. Anzuraten ist deshalb eine genaue Beobachtung des Laufstils mittels Videoanalyse auf dem Laufband. Anhand der Aufzeichnungen ergeben sich detaillierte Angaben über das Abrollverhalten des Fußes, über Supination, Pronation und über ideale Dämpfungseigenschaften. Neben dem Gewicht des Läufers, dem im Training und Wettkampf bevorzugtem Bodenbelag und der Kilometerleistung, die monatlich absolviert werden soll, werden noch weitere Auswahlkriterien für die Wahl des an die Läuferpersönlichkeit angepassten Laufschuhs analysiert. .

Das normale Abrollverhalten des Fußes setzt mit der Außenseite der Ferse am Boden auf und rollt dann über die gesamte Fußsohle nach innen ab. Sogenannte Normalfußläufer benötigen normale Schuhe ohne eine besondere Stützfunktion.

Anders ist es bei Pronations- oder Supinationsläufer; diese knicken im Gegensatz zum Normalläufer übermäßig nach innen ab (Überpronation) oder können wegen ihres hohen Fußgewölbes in der Landephase nicht nach innen abknicken (Supination). Für beide Gruppen haben die Schuhersteller besondere Modelle hergestellt. Für Läufer mit Überpronation eignen sich deshalb Schuhe mit einer besonderen Stabilitätsstütze im Sohlenbereich, während für Läufer mit einem hohen Fußgewölbe die Schuhe besonders hohe Dämpfungseigenschaften und Flexibilität aufweisen. Der Test auf dem Laufband dauert nicht länger als ein paar Minuten, es ist kostenlos und hilft Verletzungen zu vermeiden.

3.3.2 Einsteigertraining light: Stabile Ausdauerbasis in 4 Monaten

Der Hausarzt hat grünes Licht für den Beginn des Ausdauertrainings gegeben und draußen blühen die ersten Krokusse, sodass es nun gleich losgehen kann. Das beginnende Frühjahr ist die beste Jahreszeit, um mit dem Laufen zu beginnen, denn bis die nasse und wirklich kalte Jahreszeit beginnt, bleiben noch drei weitere Monate, um sich ein stabiles Polster an Ausdauer anzutrainieren und eine gewisse Trainingsdisziplin, was die Regelmäßigkeit des Lauftrainings betrifft, anzueignen. Das sind zwei wichtige Voraussetzungen, um auch im Winter und bei Dunkelheit das Training durchzuhalten. Das Wintertraining ist das Fundament für die sportlichen Ziele im neuen Jahr.

Für die Neueinsteiger bedeuten die vier Monate neben der behutsameren Erhöhung der im Laufschritt zurückgelegten Strecke auch die Zunahme einer extensiveren Ausdauerfähigkeit. Und wer sich nun 16 Wochen lang regelmäßig und mit Disziplin zweimal in der Woche zum Training getroffen hat, der wird danach nicht so schnell wieder aufhören. Durch den strukturierten Trainingsrhythmus haben sich die festen Zeiten im Wochenverlauf gut verankert und sind zu einem hinreichend hohen Grad schon internalisiert. Der Läufer und die Läuferin kennen ihre Trainingstermine, damit können sie ihr Laufpensum nach Lust und Laune verlängern und allmählich auch ein wenig mit dem Tempo zu spielen beginnen. Und so könnte der Trainingsplan für Einsteiger aussehen:

	1. – 3. Woche		
	Woche 1	Woche 2	Woche 3
Mittwoch	100m Traben 100m Gehen 5 Wiederholg.	150m Traben 100m Gehen 5 Wiederholg.	200m Traben 100m Gehen 7 Wiederholg.
Samstag	50m Traben 50m Gehen 7 Wiederholg.	100m Traben 100m Gehen 7 Wiederholg.	100m Traben 50m Gehen 10 Wiederholg.
	4. – 8. Woche		
	Woche 4 - 5	Woche 6	Woche 7 - 8
Mittwoch	300m Traben 100m Gehen 6 Wiederholg.	200m Traben 100m Gehen 6 Wiederholg.	400m Traben 100m Gehen 5 Wiederholg.
Samstag	300m Traben 50m Gehen 8 Wiederholg.	1000m Test	400m Traben 50m Gehen 8 Wiederholg.
	9. – 14. Woche		
	Woche 9 - 10	Woche 11-12	Woche 13-14
Mittwoch	600m Traben / Laufen 50m Gehen 5 Wiederholg.	400m – 600m Traben / Laufen 50m Gehen 5 Wiederholg.	800m Laufen 50m Gehen 4 Wiederholg.
Samstag	1500m Traben 100m Gehen 500 Traben	2 x 200m Laufen mit Gehpause 1500m	2500m Laufen
	15. – 16. Woche		
	Woche 15	Woche 16	Wochen ff
Mittwoch	1000m Laufen 50m Gehen 5 Wiederholg.	2000 m Laufen Gehpausen 3 Wiederholg.	3 km – 8 km Laufen
Samstag und / oder Sonntag	5000 Laufen o. Gehpause	3000m Laufen Gehpause 3000m Laufen	Strecke bis auf 10 km verlängern

Tab.7: Trainingsplan für Einsteiger

In dem Trainingsplan für Einsteiger wird ein wiederkehrendes Schema sichtbar. Die Laufphasen werden bis zur 14. Woche immer wieder von Gehstrecken, die aber im zeitlichen Verlauf kürzer und weniger werden, unterbrochen. Sie dienen der Pause, sollen aber das Stehenbleiben verhindern. Am Wochenende werden die Strecken im Vergleich zum Mittwoch länger, wobei in der Anfangsphase mehr Wiederholungen durchgeführt werden. Damit ist bereits ein Trainingsprinzip angesprochen, das sich im Lauftraining immer wieder findet. Mindestens einmal in der Woche soll deutlich länger gelaufen werden als an den übrigen Trainingstagen, dafür sollen diese Läufe in deutlich langsamerem Tempo absolviert werden. Auch die im späteren Training so wichtigen Trainingspausen sind in dem Plan mit dem reduzierten Programm in der 6. und 11. Woche bereits stilisiert. Im Mehrwochenverlauf wurde mit der länger werdenden Strecke und dem sich schon einstellenden Trainingseffekt auch ein wenig das Tempo erhöht und das Traben sollte allmählich in einen richtigen Laufschritt übergehen.

3.3.3 In acht Wochen fit: Einsteigertrainingsplan heavy

Der im vorausgehenden Abschnitt vorgestellte Trainingsplan bürgt für die Sicherheit, dass jeder Anfänger auch sicher zum Ziel gelangt, nämlich eine Stunde ohne Pause zu laufen. Jüngere Anfänger oder Seiteinsteiger von anderen Sportarten mögen sich mit den 16 Wochen unterfordert sehen. Wer zu ihnen gehört oder beim leichten Training schnelle Fortschritte erzielt, kann zu dem ebenfalls bestens erprobten Acht-Wochenplan umsteigen oder gleich damit beginnen.

1.Woche Dienstag 3 Min. Gymnastik zum Aufwärmen und Lockern 3 Min. zügig gehen 5 x 1 Min. laufen mit Gehpausen Unmittelbar nach dem letzten Lauf kurze Pause mit Pulsmessung 3 x 1 Min. laufen mit Gehpausen 2 x 2 Min. flott gehen Dehnen oder leichte Gymnastik ∑ Laufzeit: 8 Minuten	**1. Woche Freitag** 3 Min. Gymnastik zum Aufwärmen und Lockern 3 Min. zügig gehen 3 x 2 Min. laufen mit Gehpausen 3 x 1 Min. laufen mit Gehpausen 4 Min flott ausgehen Dehnen oder leichte Gymnastik ∑ Laufzeit: 9 Minuten
2.Woche Dienstag 3 Min. Gymnastik zum Aufwärmen und Lockern 4 Min. eingehen mit allmählicher Beschleunigung 1 Min. Pause 2 x 3 Min. laufen mit Gehpausen 2 Minuten Gehpause 2 x 2 Min laufen mit Gehpausen 2 x 2 Min. flott gehen Dehnen oder leichte Gymnastik ∑ Laufzeit: 10 Minuten	**2. Woche Freitag** 3 Min. Gymnastik zum Aufwärmen und Lockern 4 Min. eingehen mit allmählicher Beschleunigung 1 Min ruhig gehen 3 x 3 Min. laufen mit Gehpausen 1 x 4 Minuten laufen Gehpause 2 x 3 Min laufen mit Gehpausen 4 Min flott ausgehen ∑ Laufzeit: 19 Minuten
3.Woche Dienstag 3 Min. Gymnastik zum Aufwärmen und Lockern 4 Min. eingehen mit Tempowechsel 3 x 4 Min. laufen mit Gehpausen 2 Minuten Gehpause 2 x 2 Min. laufen mit Gehpausen 2 x 1 Min. flott laufen Dehnen oder leichte Gymnastik ∑ Laufzeit: 20 Minuten	**3. Woche Freitag** 3 Min. Gymnastik zum Aufwärmen und Lockern 4 Min. eingehen mit Tempospiel 3 x 5 Min. laufen mit Gehpausen Unmittelbar nach dem letzten Lauf kurze Pause mit **Pulsmessung** 1 x 4 Minuten laufen, Gehpause 2 x 3 Min. laufen mit Gehpausen 4 Min. flott ausgehen Dehnen oder leichte Gymnastik ∑ Laufzeit: 25 Minuten
4.Woche Dienstag 3 Min. Gymnastik zum Aufwärmen und Lockern 3 Min. eingehen 3 x 6 Min. laufen mit Gehpausen 2 Minuten Gehpause 9 Min. laufen 2 x 6 Min. flott gehen mit kurzer	**4. Woche Freitag** 3 Min. Gymnastik zum Aufwärmen und Lockern 3 Min. eingehen mit Tempospiel 1 Min. ruhig gehen 3 x 7 Min. laufen mit Gehpausen 10 Minuten laufen Gehpause

Pause Dehnen oder leichte Gymnastik ∑ Laufzeit: 27 Minuten	2 x 5 Min laufen mit Gehpausen 1 Min. auslaufen Dehnen oder leichte Gymnastik ∑ Laufzeit: 41 Minuten
5.Woche Dienstag 3 Min. Gymnastik zum Aufwärmen und Lockern 2 Min. eingehen 2 Min. Laufen, Gehpause 3 x 7 Min. laufen mit Gehpausen 1 Minuten Gehpause 12 Min. laufen 2 x 7 Min. flott gehen mit Gehpause 1 Minute auslaufen Dehnen ∑ Laufzeit: 34 Minuten	**5. Woche Freitag** 2 Min. Gymnastik zum Aufwärmen und Lockern 2 Min. eingehen mit Tempospiel 1 Min. ruhig gehen 3 x 8 Min. laufen mit Gehpausen 15 Minuten laufen Gehpause 2 x 7 Min. laufen mit Gehpausen 3 Min. auslaufen Dehnen oder leichte Gymnastik ∑ Laufzeit: 53 Minuten
6.Woche Dienstag 2 Min. Gymnastik zum Aufwärmen und Lockern 2 Min. eingehen 1 x 3 Min. Laufen, Gehpause 1 x 9 Min. laufen mit Gehpausen 1 Minuten Gehpause 20 Min. laufen, Gehpause 2 x 8 Min. flott laufen mit Gehpause 3 Minute auslaufen Dehnen ∑ Laufzeit: 51 Minuten	**6. Woche Freitag** 2 Min. Gymnastik zum Aufwärmen und Lockern 3 Min. einlaufen 1 x 10 Min. laufen, Gehpause 25 Min. laufen Unmittelbar nach dem Lauf kurze Pause mit Pulsmessung 1 x 8 Min. laufen mit Gehpausen 1 x 6 Min. laufen mit Gehpausen 1 x 4 Min. Auslaufen Dehnen oder leichte Gymnastik ∑ Laufzeit: 56 Minuten
7.Woche Dienstag 2 Min. Gymnastik zum Aufwärmen und Lockern 2 x 10 Min. laufen, Gehpause 1 x 30 Min. Laufen, Gehpause Kurze Pause 1 x 8 Min. laufen Dehnen ∑ Laufzeit: 58 Minuten	**7. Woche Freitag** 2 Min Gymnastik zum Aufwärmen und Lockern 12 Min. einlaufen 1 x 35 Min. laufen, Gehpause 2 x 8 Min. laufen Dehnen ∑ Laufzeit: 63 Minuten
8.Woche Dienstag 1 Min. Gymnastik zum Aufwärmen und Lockern 1 x 10 Min. laufen, Gehpause	**8. Woche Freitag** 1 Min Gymnastik zum Aufwärmen und Lockern 5 Min. einlaufen,

1 x 40 Min. Laufen, Gehpause Kurze Pause 1 x 8 Min. laufen Dehnen ∑ Laufzeit: 58 Minuten	50 Min. laufen 5 Min. auslaufen Dehnen ∑ Laufzeit: 60 Minuten ohne Gehpause Ziel erreicht

Tab.8. Trainingsplan in acht Wochen fit für den Dauerlauf

Dieser Plan ist so aufgebaut, dass die Steigerung von Dienstag auf Freitag größer ist als jene von Freitag auf Dienstag. Der Grund dafür liegt in der längeren Erholungszeit von drei Tagen mit dem Wochenende dazwischen. Das Training am Dienstag soll leichter fallen, weil nach einer Erholungsphase auf einem Niveau trainiert wird, dass durch die Anstrengungen am Freitag von den Teilnehmern bereits internalisiert wurde. Die 6. und 7. Woche dienen der Stabilisierung des erreichten Laufniveaus von dem ausgehend in den kommenden Wochen die Laufdauer nach persönlichen Belieben gestaltet und gelaufen werden soll. Es sollte jedoch in der 7. Woche möglich sein mindestens 35 Minuten ohne Unterbrechung in moderatem Tempo zu laufen. Wem es noch nicht gelingt länger als 35 Minuten zu laufen, geht man im Trainingsplan um eine oder zwei Wochen zurück und wiederholt das Training mit der geringeren Laufzeit.

3.4. Nordic Walking : die sportliche Alternative zum Laufen

Die einst so belächelte Sportart Nordic Walking hat in den vergangenen Jahren deutlich an Profil gewonnen und ist auch bei uns in Deutschland inzwischen als sportliche Alternative zum Laufen fest etabliert. Die ausgesprochene Popularität zeigt sich auch in der Zunahme von öffentlichen Wettbewerben. Das Walking Portal *profiwalk.de* listete umfassend für das Jahr 2017 eine Summe von 964 Nordic Veranstaltungen auf – von der Marathondistanz bis zu den kleineren 5 bis 7km Strecken im regionalen Umfeld. Für den Interessenten bietet sich hier ein Archiv attraktiver Veranstaltungen, die im leichten Überblick, sortiert nach Monat, Veranstaltungsort und der angebotenen Streckenlänge für eine erfolgreiche Jahresplanung gut zu nutzen ist.

Nordic Walking Wettbewerbe nehmen zu

Nordic Walking ist eine Ausdauersportart bei der das Gehen durch den Einsatz von zwei Stöcken im Rhythmus der Schritte unterstützt wird. Nordic Walking ist eine Ganzkörpersportart, weil neben den Beinen auch die Arm-, Schulter-, Brust- und Rumpfmuskulatur trainiert werden. Gegenüber dem Laufsport werden gleichzeitig aufgrund der fehlenden Flugphase und den reduzierten Auftreffkräften besonders die Kniegelenke geschont. Dies ist ein echter Vorteil gegenüber anderen Sportarten. Walking ist deshalb auch für Leute mit Gewichts- und Knieproblemen sehr gut geeignet. Aber auch Läufer, die wegen akuter Verletzungen oder erhöhter Verletzungsanfälligkeit den Laufsport beenden möchten, finden über das Nordic Walking sinnvollerweise eine analoge Form der Bewegung, die vom Laufsport her nur graduell im Anstrengungsausmaß zu unterscheiden ist. Der ehemalige Läufer, der freiwillig oder gezwungenermaßen wegen alterstypisch funktioneller Einschränkungen aus dem Laufsport zum Nordic Walking wechselt, wird von vorn herein aufgrund seiner vorzugsweise trainierten Ausdauerfähigkeit (Tempostabilität, Ausdauer, psychische Stärke) klare Vorteile ins Training übertragen können. Der ehemalige Läufer muss als Nordic-Walking-Novize natürlich im speziellen Technikstil trainiert werden. Technik Training ist Pflicht für alle. Der korrekte Stockeinsatz und die Stockführungen bringen nicht nur Schwung und Harmonie in die Bewegung, sondern sie verhindern auch Überlastungsschäden, insbesondere im Handgelenk und Schultergürtel. Deshalb ist es wichtig, dass während des Trainings auch Korrekturen an der Stocktechnik vorgenommen werden, wo dies notwendig erscheint.

3.4.1 Der Anfang ist leicht

Wenn im regionalen Umfeld, z. B. von den Sportvereinen oder einer Krankenkasse, ein Nordic Walking Einsteigertraining angeboten wird, sollte diese attraktive Möglichkeit auf jeden Fall genutzt werden. Denn in der Gruppe macht das Training meist mehr Spaß; durch Gruppenprozesse entwickelt sich sehr rasch eine hohe Gruppenhomogenität, antizipierte Trainingsziele fördern den Zusammenhalt, so dass für alle Teilnehmer recht bald ein intrinsischer Verpflichtungsgrad zur regelmäßigen Teilnahme entsteht. In den Vereinen werden die Gruppen von erfahrenen Trainern geleitet. Dieser Vorteil ist evident, denn dadurch kann den Teilnehmern theoretisches Wissen über Trainingsmethoden, Ausrüstung und Ernährungsprinzipien vermittelt werden, andererseits können jederzeit praktische Tipps zur Verbesserung oder Korrektur direkt umgesetzt werden. Wesentlich ist somit das Antrainieren der richtigen Technik als ein maßgebliches praktisches Lernziel, um effektiv in Bewegung zu kommen und zu bleiben.

Während des praktischen Trainings selbst, sollte das Tempo so gewählt sein, dass man sich noch gut unterhalten kann und keine Atemnot provoziert wird. Die Auswahl der Strecken, des Tempos und der Zeit sollte sich stets nach der individuellen Leistungsfähigkeit, dem Alter der Person sowie den persönlichen Präferenzen richten.

1. – 3. Woche	2 – 3x/ Woche	4 x 6 Minuten Nordic Walken	Dazwischen je 2 Min. Pause
4. – 6. Woche	2 – 3x/ Woche	2 x 15 – 20 Min.	Dazwischen je 2 Min. Pause
7. -10. Woche	2 – 3x/ Woche	3 x 20 – 40 Min. Von Woche zu Woche zunehmend	Pausen verkürzen oder 2 Min. in verringertem Tempo weitergehen.

Tab.9: Trainingsbeispiel für Nordic Walking Einsteiger

Im Anschluss an die Trainingseinheit folgt ein langsames Ausgehen und die Gelegenheit zur Besprechung von Fragen, die während des Trainings entstanden sind.

Stöcke und Ausrüstung

Um mit dem ersten Schnuppertraining zu beginnen, braucht es nur bescheidenes Equipment: ein Paar gute Laufschuhe, eine an die je aktuellen Witterungsverhältnisse angepasste Outdoor-Bekleidung und Nordic Walking Stöcke. Das reicht erst einmal zum Beginn.

Verstellbare Teleskopstöcke oder Klappstöcke eignen sich nicht zum Nordic Walken, sondern sind ideal zum Wandern oder für Trail Running oder Speed Hiking. Für einen harmonischen Bewegungsablauf kommt es aber auf die richtige Stocklänge in Relation zur eigenen Körpergröße an. Mit einem nicht passenden Stock können leicht Fehlhaltungen antrainiert werden. Wenn diese sich dann erst einmal ins Körperschema ausgebildet haben, bedarf es einen hohen Aufwand diese Haltungsschäden wieder zu korrigieren. Die richtige Stocklänge kann man mit der Formel:

Körpergröße x 0,67 = Stocklänge

ermitteln. Diese Regel ermöglicht es, die individuelle Stocklänge in Abhängigkeit von der Körpergröße zu finden. Zu einem guten Ergebnis gelangt man auch mit dem Ellbogen Test. Dabei werden die Stöcke am Griff gehalten und senkrecht auf den Boden gestellt. Wenn sich dabei zwischen Unterarm und Oberarm ein Winkel im Ellbogen von 90 Grad bildet, dann sollte der Stock um 5 cm kürzer gewählt werden. Beim Kauf von Stöcken mit festen Größen kann man sich auch an der nachfolgenden Tabelle orientieren. Hilfsweise könnte man anmerken, dass sich der Knauf des Walkingstockes stets auf der Höhe des eigenen Bauchnabels befinden sollte.

Körpergröße	Stocklänge
155 – 160 cm	105 cm
160 – 165 cm	110 cm
170 – 175 cm	115 cm
180 – 185 cm	120 cm
190 – 195 cm	125 cm

Tab.10: Körpergröße und Stocklänge

3.4.2 Nichts geht ohne die richtige Technik

Bevor wir den ersten Schritt unternehmen, sollte sich jeder Nordic Walker darüber im Klaren sein, welchen Zweck die Stöcke haben. Nordic Walking Stöcke sind weder Wanderstöcke noch Spazier- oder Gehstöcke und ihr richtiger Einsatz erfordert auch zu Beginn schon wenigstens ein Minimum an Technik. Ihr Zweck liegt nicht darin, die Fortbewegung zu stabilisieren oder Stürze zu vermeiden, sondern sie dienen dem Vorwärtsschub. Das können sie aber nicht, wenn sie senkrecht auf den Boden aufgesetzt werden, wie man dies auf dem unten abgebildeten Foto deutlich sehen kann. Welche grundlegenden Fehler bei der Stocktechnik häufig gemacht werden und wie der Stockeinsatz idealerweise richtig durchgeführt wird, kann man im Vergleich der beiden Abbildungen sehr gut erkennen. Nicht wenig verwundert es, wenn wie unten (Abb. 2) eine fehlerhafte Technik im Glanzlichtformat publiziert wird. Ärgerlich ist zudem die Tatsache, dass sich diese fotographische Darstellung ausgerechnet als Titelseite eines Nordic Walking Buches veröffentlicht wird.

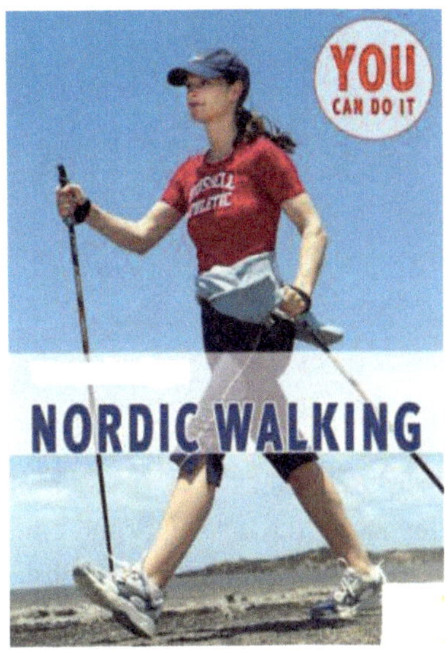

Abb. 2: Beispiel einer fehlerhaften Technik: Energie verliert sich im Boden

Die meiste Energie für den Vorwärtsschub verliert sich im Boden (Abb.2), anstatt wie beim schrägen Aufsetzen der Spitzen der Beschleunigung zu dienen (Abb.3).

Wie wichtig auch die richtige Stocklänge ist, kann man deutlich sehen. Ist der Stock zu lang, dann beugt sich der Arm über die waagrechte Haltung, daraufhin wird als Folgefehler die Schulter beim Stockeinsatz hochgezogen und der andere Arm nach hinten nicht genug hinter die Hüfte gestreckt. Über kurz oder lang führt diese Form der Stockführung zu Reizschmerzen im Schultergelenk.

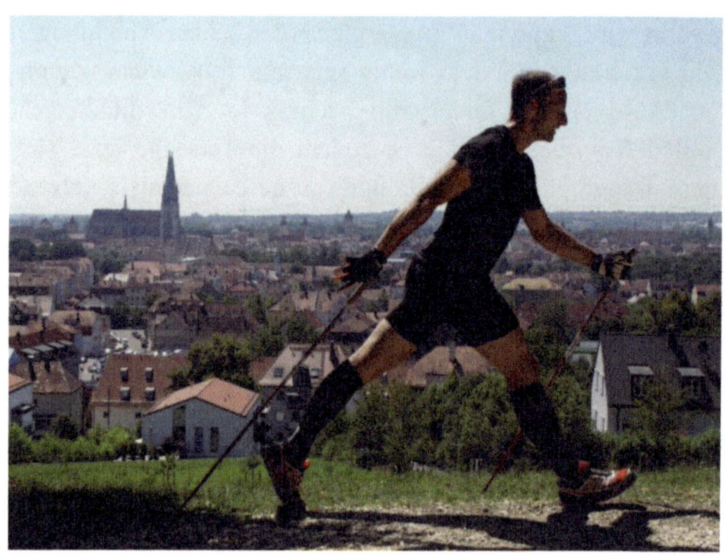

Abb. 3: Nordic Walking Europameister Wolfgang Scholz bei der Demonstration korrekter und effektiver Nordic Walking Technik

Damit die Energie des Vorwärtsschwungs als Anschubkraft genutzt werden kann, muss der Stock flach geführt und eingesetzt werden (Abb. 3). „Langer Arm und flacher Stock" ist deshalb eine der hilfreichen Regeln beim Nordic Walking. Durch den flachen Stock bewirkt der kleinere Winkel sowohl beim vorderen und hinteren Einsatz genügend Druck, um einen effektiven Anschub zu erhalten. Dieser kann auch nur dann dynamisch erzeugt werden, wenn die rückwärtige Armbewegung weit genug hinter die Hüfte schwingt. Die Arme können entspannt mit der Gehbewegung mitschwingen. Arme und Beine werden diagonal bewegt. Dieser Bewegungsablauf entspricht nicht nur einer effizienten und gelenkschonenden Technik, sondern entspricht auch den Regeln der European Nordic Walking Organization (ENWO) zur korrekten Stockführung.

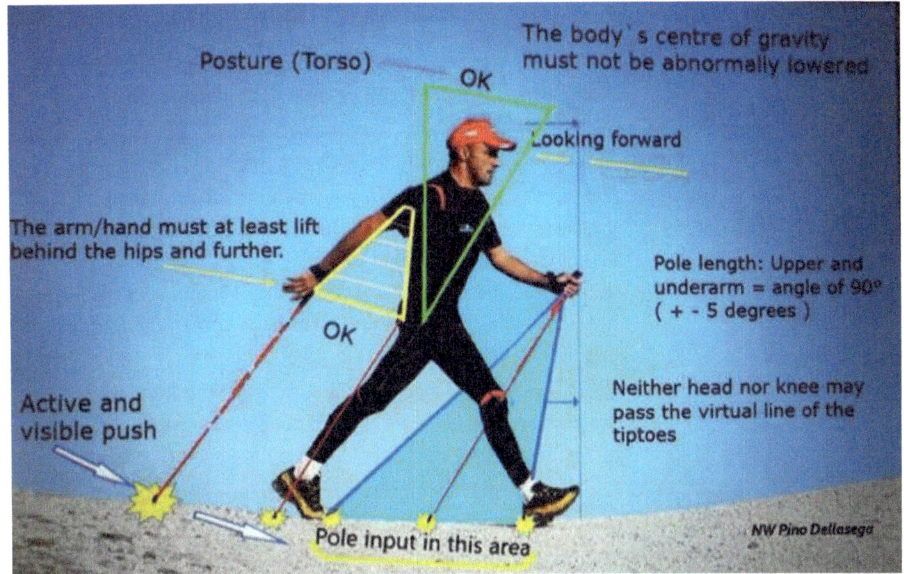

Abb.4: Korrekter Bewegungsablauf und Stockführung nach den Regeln der ENWO (European New Walking Organization)

Das Ausschreiten des Schwungbeines sollte aktiv und gerade nach vorne sein. Der Fußaufsatz erfolgt über die Ferse, den Mittelfuß bis hin zum Ballen als „runde" Abrollbewegung. An den beiden Abbildungen von Wolfgang Scholz sowie der Regel der ENWO kann man neben der flachen und gestreckten Stockführung auch alle noch weiteren wichtigen Merkmale richtiger Technikanwendung lernen.

An der Stocktechnik muss auch im fortgeschrittenen Trainingsstadium immer wieder gearbeitet werden, denn diese hat maßgeblichen Einfluss auf eine effizientere Fortbewegung und damit einhergehend auf die Erhöhung des Gehtempos.

- Die Schultern bleiben entspannt und locker und werden nicht nach oben gezogen.
- Oberkörper und Hüfte schwingen natürlich mit der Bewegung mit.

- Die Füße zeigen in Bewegungsrichtung nach vorne und werden ganz abgerollt. Der Fuß rollt über die Zehenspitze ab.
- Die Stöcke werden eng neben dem Körper nach vorne geführt, wobei der rechte Stock mit dem linken Fuß nach vorne kommt und umgekehrt.
- Stock und Körper befinden sich in einer Linie.
- Bei der Rückwärtsbewegung werden die Stöcke nach hinten ausgestoßen, um die größtmögliche Armstreckung zu ermöglichen. Dabei lässt die Hand den Griff ganz los und nur noch die Schlaufe dient als Verbindung zwischen Griff und Hand, bevor der Stock mit der Pendelbewegung des Arms nach vorne schwingt und dort wieder fest gegriffen wird.
- Beim Stockabstoß sind sowohl Arme wie Oberkörper beteiligt, der letzte Stockschub wird durch die Streckmuskeln der Arme ausgeführt.
- Die Stöcke zeigen während dem ganzen Bewegungsablauf schräg nach hinten.
- Mit leichter Vorlage bergauf: Beim Bergaufwärts-Walken werden die Arme wesentlich stärker beansprucht, kann man sich doch regelrecht den Hang hochschieben. Der Oberkörper neigt sich dadurch weiter nach vorne, die Schritte bleiben so lang wie möglich.

Tabelle 11: Merkmale korrekter Nordic Walking Technik

Kräftigung der Atmung

An der Stocktechnik muss auch im fortgeschrittenen Trainingsstadium immer wieder gearbeitet werden, denn diese hat maßgeblichen Einfluss auf eine effizientere Fortbewegung und damit einhergehend auf die Erhöhung des Gehtempos. Damit sich von vornherein jede Fehlhaltung vermeiden lässt, ist die richtige Unterweisung und Einübung der Stocktechnik im Rahmen des Einsteigertrainings basal. Die Stocktechnik richtig angewendet, hat auch dominante Auswirkung auf die Atmung und die für den Sport so wichtige Sauerstoffversorgung der Muskulatur. Der Stockeinsatz mit einer aktiven Armbewegung bis weit hinter die Hüfte verhilft nicht nur zu einem kräftigen Schub nach vorn. Bedeutsam ist dabei noch die passive Dehnung des Brustkorbs. Sie erzeugt in der Lunge einen leichten Unterdruck, durch den der Atmungsvorgang unterstützt wird – ein weiterer Vorteil, der dem Nordic

Walker insbesondere bei langen Strecken hilft, Kraft und Energie zu sparen.

3.5. biologische Anpassungseffekte des Trainings

In den 8 bis 16 Wochen regelmäßigen Trainings haben sich eindeutig feststellbar biophysische Veränderungen eingestellt. Vor allem in der Muskulatur und dem Herz-Kreislaufsystem. Schon durch die zweimalige Pulsmessung zu Beginn und im Verlauf der dritten Trainingswoche haben die Teilnehmer feststellen können, wie sich ihr individueller Pulswert auf einen deutlich niedrigeren Wert verändert hat. Laufen ist jetzt möglich ohne außer Atem zu kommen. Durch das 8-wöchige Ausdauertraining und die im Verlauf der Wochen länger gewordenen Strecken hat sich das Herzkreislaufsystem analog den steigenden Anforderungen angepasst und zu einer deutlichen Zunahme der Herz- und Kreislaufleistung geführt. Das geschah in dreierlei Weise.

- Absenkung des Ruhepulses
- Vergrößerung des Herzvolumens
- Zunahme des Herzschlagvolumens

Doch die Zunahme der Herzkreislaufleistung bliebe unwirksam, wenn nicht gleichzeitig eine Vergrößerung von VO_2max erfolgen würde, denn die arbeitende Muskulatur muss ja auch mit mehr Sauerstoff versorgt werden. Was für die Herzkreislaufleistung gilt, gilt auch in umgekehrter Richtung für die maximale Sauerstoffaufnahme, denn die Verbesserung der maximalen Sauerstoffaufnahme bliebe unwirksam, wenn nicht das Herz-Kreislaufsystem den vermehrt zur Verfügung stehenden Sauerstoff an die Muskulatur transportieren könnte. Da der Herzschlag mit Hilfe einer Pulsuhr einfach zu messen ist, dient er in allen Ausdauersportarten zur Steuerung unseres Trainings. Wie die verschiedenen Trainingsbereiche über die Herzfrequenz angesteuert werden können und welche Form der Energiebereitstellung stattgefunden hat, wird im Kapitel 6 ausführlich beschrieben. Diese biochemischen Vorgänge im Rahmen der sportlichen Aktivität zu kennen, ist für alle Sportler besonders im Hinblick auf die Leistungsziele wichtig. Von diesen wissenschaftlichen Erkenntnissen der molekularen Energie-produktion zur Aufrechterhaltung und Steigerung von Leistung profitieren alle Sportler bei der Planung ihres Trainings und ihrem Verhalten im Wettkampf.

4. Zum Aufhören ist es noch zu früh

Während ältere Neueinsteiger nach dem abgeschlossenen Einsteigertraining hoch motiviert erscheinen und immer weitere Fortschritte bei den Wochenkilometern und auch im Lauftempo erreichen, macht sich bei den vielen gleichaltrigen Läufern und Läuferinnen, die schon tausende von Trainingskilometer auf dem Buckel haben oft eine gewisse Unlust und Müdigkeit breit. Leider ist dieses Gefühl der „Demotivierung“ häufig die Folge von typischen Trainingsfehlern, die sich im Laufe der Zeit bei älteren Läufern eingeschlichen haben. Die früher verlässlich eingehaltenen Trainingstage werden insbesondere bei ungünstiger Witterung (Kälte, Wind, Regen) mit Bedauern, aber entsprechend plausiblen Argumenten abgesagt. Aus Versäumnissen werden zum Teil wochenlange Trainingslücken, und es besteht dadurch die Gefahr mit strengerer Disziplin und verdoppeltem Trainingseifer zu reagieren. So steigt verlässlich aber nur die Verletzungsanfälligkeit an – ein Fehler wird durch den nächsten auszugleichen versucht und der Kreis schließt sich. Das alles muss nicht sein, denn zum Aufhören ist es in jedem Alter zu früh. In solchen entscheidenden Lebensumbrüchen ist es aber an der Zeit, einmal ein großes Reset vorzunehmen.

Alte Gewohnheiten werden auf Null gesetzt: Wir beginnen von Neuem und ordnen unseren Laufalltag neu. So wird es nicht sehr lange dauern, bis Lauffreude und Tempogefühl wieder da sind. Dazu rufen wir uns zunächst einmal wieder die bekannten Trainingsprinzipien ins Gedächtnis zurück, die wir bei der Feingestaltung unseres Lauftrainings in den letzten Jahren sträflich vernachlässigt haben.

4.1 Die häufigsten Fehler des älteren Läufers

Thomas Prochnow (1998, 2002) hat die **zunehmende Monotonie** als den häufigsten Fehler der seit vielen Jahren aktiven

Läufer und Läuferinnen beschrieben; sie besteht in den gleichen und immer wiederkehrenden Trainingsmitteln und auch der Eintönigkeit durch die gleichen Strecken. Das führt meist dazu, dass der Körper das absolvierte Training nicht mehr als wirksamen Reiz empfindet. Die Belastungsschwelle, die den über längere Zeit trainierten Organismus echt herausfordert, wird nur selten überschritten und eine progressive Anpassung an die gesetzten Trainingsreize erfolgt nicht.

Hinzu kommt eine **zu geringe Abwechslung bei den Laufstrecken.** Obwohl die sogenannten Hausstrecken bei Läufern grundsätzlich sehr beliebt sind, tragen sie wesentlich zur Monotonie bei, sehr häufig sind sie wegen der immer gleichförmigen und chronischen Einwirkung auf Fuß und Gelenke Ursache von Verletzungen.

Bei älteren Läufern ist häufig eine Bevorzugung der kontinuierlichen Leistungen mit geringer Ausprägung von Kräftigung und Lauftechnik zu beobachten. Das **fehlende Tempotraining** kommt zwar den physiologischen Möglichkeiten der älteren Läufer entgegen, schwächt aber deren Wunsch den Verlust an Tempo aufzuhalten und hinauszuschieben

Ausschließliches Laufen birgt die Gefahr, dass es zu einer **einseitigen Entwicklung der Muskulatur** und zur Entwicklung eines muskulären Ungleichgewichts kommt. Prochnow et al. (2002) stellten fest, dass bei vielen Läufern die Bauchmuskulatur gegenüber der Rückenmuskulatur abgeschwächt ist und dadurch im Beckenbereich neue Zugkräfte mit Reizungen von Nerven und Sehnengewebe auftreten. Der Rückgang der Muskulatur im Alter erhöht das Risiko für Verletzungen, so ist jeder zweite Freizeitunfall ein Sturz oder Stolperunfall.

Der Vergleich mit früheren Zeiten und „alten Trainingsplänen“ führt oft zu dem Versuch, den Rückgang durch **besonders „hartes“ Training** aufzuholen. Dies ist genau der falsche Weg. Die Relation zwischen grundlegenden, entwickelnden und intensiven Trainingseinheiten werden auf den Kopf gestellt und zu intensiv trainiert. Auch das Laufen in der Gruppe kann dauerhaft zum Übertraining führen, wenn ein „Zug“läufer ein zu hohes Tempo bestimmt. Geradezu ein Weg in die Verletzung zu laufen ist eine Orientierung an Trainingsplänen wie „So läuft man unter 3:45“

Häufig werden die **Regenerationszeiten** unterschätzt, was meist geschieht, wenn sich ältere Läufer an Trainingsplänen von jüngeren übernehmen oder gemeinsam mit ihnen trainieren. Zwar ist durch ein langjähriges Ausdauertraining die Regenerationszeit verkürzt und die Wiederherstellungsfähigkeit verbessert, trotzdem benötigen ältere Läufer für denselben Wochenumfang an Kilometern mehr Zeit zur Erholung als sie in jüngeren Jahren benötigt haben.

Unrealistische Leistungsziele und die Fehleinschätzung der eigenen Leistungsfähigkeit ist die unmittelbare Ursache für die Entwicklung von Trainingsplänen, die zu einer Überforderung führen und zum sicheren Verfehlen des Trainingsziels.

4.2 Trainingsgrundsätze für ältere Läufer

4.2.1 Vermeidung von Monotonie durch Variation

Da sich bei den schon lange im regelmäßigen Training geübten Läufern eine gewisse Monotonie einschleicht, die der Leistungsentwicklung ebenso schadet wie der Motivation, gehört Abwechslung in das Training. Unter dem Leitgedanken, durch Abwechslung Homöostasestörungen mit nachfolgender Superkompensation auch bei Fortgeschrittenen auszulösen, kann die Belastung durch Wechsel der Geschwindigkeit, der Bewegungsausführung, durch Zusatzaufgaben und ungewohnte Belastungskombinationen variiert werden.

Beispiele für Variationen, die leicht in das Lauftraining eingebaut werden können, sind:

- Wechsel von Kraftbelastung zu Ausdauerbelastung
- Variation der Trainingsdauer von 1 Stunde bis 4 Stunden
- Technikauffrischung
- Veränderungen der Trainingsstrecken
- Wechsel bei den Treffpunkten zum gemeinsamen Training
- Änderungen des Geländes
- Rhythmuswechsel schnell – langsam
- Treppen und Hügelläufe
- Hopserlauf und Lauf ABC
- Gehen mit Gewichten um das Handgelenk
- Laufen in einer Kolonne: jeweils der letzte zieht in schnellem Tempo an der Gruppe vorbei und setzt sich an die Spitze usw.

Methoden um Abwechslung in das Training zu bringen gibt es genug. Es ist nur eine Frage der Phantasie, die örtlichen Gegebenheiten so für die Trainingsgestaltung auszunutzen und einzubauen, dass sich eine sinnvolle Trainingseinheit daraus gestalten lässt.

4.2.2 Abwechslung bei den Lauftrecken

Ein weiterer in vielen Laufgruppen anzutreffender Fehler ist die Vorliebe für die sogenannten Hausstrecken, die sich im Laufe der Jahre herausgebildet haben. So schön es sein kann den Wandel der Jahreszeiten entlang der gewohnten Wege mitzuerleben und als ästhetischen Genuss zu empfinden, so tragen sie doch auch einen Teil zur Monotonie bei. Völlig übersehen wird dabei, dass Knie und Fußverletzungen nicht selten auch die Folge der Beschaffenheit von Straßenbelag und Untergrund sind. Die Abwechslung bei den Strecken gehört genauso zum Training wie die Variation von Tempo, Trainingsfrequenz und Wochenkilometer. Wer dies bei seiner Trainingsplanung nicht mehr berücksichtigt, läuft Gefahr in eine Verletzung hineinzulaufen. In ihrem Standardwerk „Laufen ohne Beschwerden“ weisen Prochnow, Brinkmann &

Hammer (2002) auf einen direkten Zusammenhang zwischen Streckeneigenschaften und Verletzungsrisiken hin (Vgl. S. 93 – 189).

Dominantes Merkmal der Laufstrecke	**Verletzungsrisiko**
Harter Boden (Bürgersteig, Beton)	Ermüdungsbrüche Kniegelenkarthrose Fersenbeinverletzungen Muskellogenbeschwerden Lendenschmerzen Sehnenentzündungen des vorderen und hinteren Schienbeinmuskels
Unebene Strecke	Reizungen des Kniekehlenmuskels , Reizungen des Wadenbeinmuskels, Reizungen des Hüftlendenmuskels, Lendenschmerzen, Fußgewölbe, Sehnenansatzreizungen bei den Sehnen der Hüftbereichsmuskulatur (Thendopathia tuber ischiadici und Thendopathia trochanterica major)
Geneigte Flächen, z.B. gleiche Straßenseite, Strand	Schleimbeutelentzündung des Hüftgelenks, Illotialbandsyndrom
Häufige Bergauf-und Bergabläufe	Illotialbandsyndrom, Sehnenreizungen des Kniekehlenmuskels, Sehnenreizungen des vorderen Schienbeinmuskels, Hoffascher Fettkörper
Weicher Untergrund (Sand) Kunststofflaufbahn oder häufige Bergaufläufe	Achillessehnenbeschwerden aller Art

Alle Verletzungsmuster rühren daher, dass die Merkmale der Strecke (weicher Untergrund, unebene Wurzelpfade, betonharter Straßenbelag) als dauerhafte Reize auf skeletterale und muskuläre Strukturen einwirken, die nicht dadurch ausgeglichen werden, indem gegenläufige Reize ihre Wirkung relativieren oder reduzieren. Es bedarf keiner großen Phantasie sich vorzustellen, dass regelmäßige Strandläufe im Sand und dicht zum Meer hin, wenn auch nur gering geneigter Oberfläche eine Ausgleichsbewegung auslösen, die direkt bei zu langer Belastung eine Sehnenverletzung hervorrufen.

4.2.3 Vermeidung muskulärer Dysbalancen

Wissenschaftliche Studien zeigen, dass bei vorhandenen Dysbalancen der Muskulatur ein deutlich höheres Verletzungsrisiko besteht. Eine Studie der „Sports Medicine“ stellte eine 2,6-mal höhere Verletzungshäufigkeit beim Sport fest, wenn eine Dysbalance von 15 Prozent oder mehr zwischen den Gegenspielern besteht, als bei Menschen ohne ein Ungleichgewicht in dem verglichenen Muskelbereich. (https://www.ergotopia.de/blog/muskulaere-dysbalancen).

Damit keine muskulären Dysbalancen entstehen ist es wichtig, dass alle muskulär mitwirkende Kräfte im Gleichgewicht sind. Sind die Kräfte und Spannungszustände im Körper nicht ausgewogen, kommt es zu einem Kräfteungleichgewicht, mit der Folge einer chronischen Erschöpfung einzelner Teile des Bewegungsapparates, z.B. zu Rückenschmerzen, Arthrose, Bandscheibenvorfällen, Ischiasproblemen, Schmerzen im unteren Rücken oder zu Nackenbeschwerden. Grundsätzlich sollte deshalb nach dem Lauf gedehnt werden. Zur Stärkung der vernachlässigten Muskulatur kann der Besuch von Pilates Kursen oder eines Fitnessstudios mit Gerätetraining empfohlen werden. Auch im Internet lassen sich viele Übungen dazu finden.

Bei YOUTUBE lassen sich mit der Stichworteingabe „Dehnübungen“ oder „muskuläre Dysbalance“ kommentierte und vorgeführte Übungen für alle großen Muskelgruppen finden und nachvollziehen. Für die bei Läufern so oft abgeschwächte Bauchmuskulatur wird von Prochnow et al. (2002) zu beiden nachfolgenden Übungen geraten.

Abb.5: Übungen zur Stärkung der Bauchmuskulatur

Bauchmuskulatur gerade mit gestreckten Beinen (mithilfe des Hüftbeugers ausschalten)

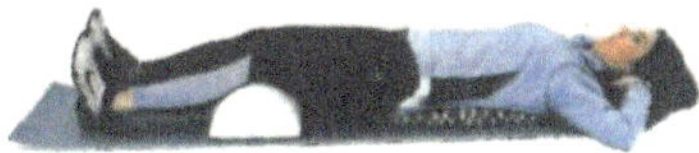

1 **Ausgangsposition**
Rückenlage, Beine gestreckt, Knie mit einer Rolle oder einem Kissen unterlagern, flaches Kissen unter die Lendenwirbelsäule, Hände locker seitlich am Kopf anlegen, Kinn an den Hals ziehen (leichtes Doppelkinn)

2 **Ausführung**
Zuerst leichten Druck mit der Lendenwirbelsäule auf das Kissen und mit den Beinen auf die Rolle und beides halten.
Kopf und Oberkörper leicht vom Boden abheben und Richtung Decke bringen (kleine Bewegung) und langsam wieder absinken lassen. Bei der Aufwärtsbewegung einatmen, Abwärtsbewegung ausatmen. Den Druck der Lendenwirbelsäule und der Beine nach unten während der gesamten Übung halten. Doppelkinn halten, nicht am Kopf ziehen und fließend atmen!

Wiederholungen
Je nach Trainingszustand. Es empfiehlt sich drei bis fünf Serien durchzuführen.
3 – 5 Serien à 15 Wiederholungen, dazwischen 1,5 Minuten Pause bzw.
3 – 5 Serien à 20 Wiederholungen, dazwischen 1 Minute Pause

Bauchmuskulatur gerade mit gebeugten Beinen

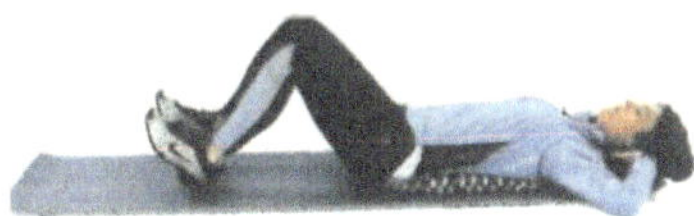

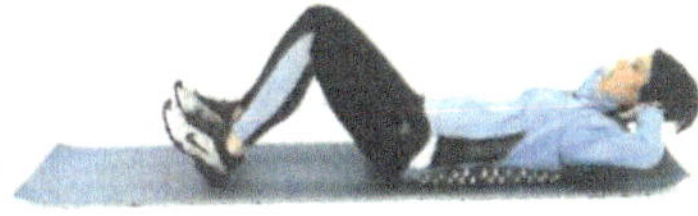

3 **Ausgangsposition**
Rückenlage, Füße aufgestellt, flaches Kissen unter die Lendenwirbelsäule, Hände locker seitlich am Kopf anlegen, Kinn an den Hals ziehen (leichtes Doppelkinn)

4 **Ausführung**
Zuerst leichten Druck mit der Lendenwirbelsäule auf das Kissen. Kopf und Oberkörper leicht vom Boden abheben und Richtung Decke bringen (kleine Bewegung), und langsam wieder absinken lassen. Bei der Aufwärtsbewegung einatmen, Abwärtsbewegung ausatmen. Den Druck der Lendenwirbelsäule nach unten während der gesamten Übung halten. Doppelkinn halten, nicht am Kopf ziehen und fließend atmen!

Wiederholungen
Je nach Trainingszustand. Es empfiehlt sich drei bis fünf Serien durchzuführen.
3 – 5 Serien à 15 Wiederholungen, dazwischen 1,5 Minuten Pause bzw.
3 – 5 Serien à 20 Wiederholungen, dazwischen 1 Minute Pause

4.2.4 Mit Lauf ABC gegen den flachen Schritt

Zwischen dem 50. und dem 60. Lebensjahr werden wenig beanspruchte Muskeln durch Fett ersetzt (Kleinert, S. 157). Analysen zur Veränderung des Körperfetts im Laufe des Lebens belegen, dass es trotz lebensbegleitender sportlicher Aktivität zu einer erhöhten Fetteinlagerung in der Muskulatur kommt. Vor allem ab dem 50. Lebensjahr nimmt deshalb auch die Muskelmasse und die Kraft ohne Training um 10% pro 10 Jahre ab, wobei die Beinmuskulatur stärker betroffen ist als die Armmuskulatur. Die Abnahme der Beinmuskulatur ist gleichbedeutend mit einer Verringerung der Kraft und damit auch der Schnelligkeit. Durch eine bewusste Aufnahme von Tempotraining und Übungen zur Kräftigung in das regelmäßige Lauftraining kann dieser Prozess deutlich verlangsamt werden und sowohl Muskelmasse und Kraft möglichst lange auf hohem Niveau erhalten bleiben. Bis zu 30% an Hinzugewinn von Kraft ist so möglich, was in funktioneller Hinsicht einer Verjüngung von 10 bis 20 Jahren entspricht (Vgl. Kleinert 178).

Bei älteren Läufern ist häufig eine Bevorzugung der kontinuierlichen Leistungen mit geringer Ausprägung von Kräftigung und Lauftechnik zu beobachten. Eine grundsätzliche Übung, die in keinem Training fehlen darf, ist die regelmäßige Durchführung des Lauf ABC´s. Ihre Vernachlässigung ist mit ein Grund für den zu beobachtenden flachen Schritt. Je flacher der Schritt ist, desto langsamer ist das Lauftempo, weil die Flugphase umso kürzer ist, je weniger das Schwungbein nach vorne schwingt. Man kann diesen Effekt – der grundsätzlich ja unabhängig vom Alter ist - sehr gut bei Volksläufen oder Marathonläufen beobachten, wenn man nur den Laufstil der führenden Laufgruppe mit dem Laufstil von Teilnehmern vergleicht, die im Mittelfeld oder im Schlussteil des Laufes platziert sind.

Der beste Zeitpunkt für solche Laufstilübungen ist nach erfolgtem Aufwärmen durch 1 – 2 km Einlaufen. Da die Übungen technisch korrekt ausgeführt werden, eignet sich ihre Platzierung am Ende des Trainings nur unzureichend, da hier schon die trainingsbedingte Ermüdung eingesetzt hat und die Übungen nicht mit genügend Kraft und Konzentration durchgeführt werden können. Die Übungen für das Lauf ABC sind der Kniehebelauf, das Anfersen und das Skipping. Beim **Kniehebelauf** wird die Oberschenkelmuskulatur stark beansprucht, da das Knie gegen die Schwerkraft vor dem Ausstrecken so hoch wie möglich gehoben und dann beim Laufen noch vorgestreckt wird. Beim **Anfersen** wird versucht den Unterschenkel des hinteren Beins möglichst weit vom Boden abzuheben und im Idealfall mit der Ferse das Gesäß zu berühren. Durch diese Übung wird die rückseitige Oberschenkel-muskulatur gekräftigt und während des Laufs kann das hintere Bein raumgreifend und mit viel Schwung nach vorne ausholen.

Beim **Skipping** werden abwechselnd jeweils ein Knie leicht angehoben und mit der Fußspitze Richtung Boden gezeigt, während der Standfuß durchgedrückt bleibt. Kniehebelauf, Anfersen und Skipping sind die Grundübungen. Mit dem Hopserlauf, dem Überkreuzlaufen und Seitwärtsspringen kann das Lauf ABC noch um weitere Varianten ergänzt werden. Während die drei Grundübungen auch im Stehen durchgeführt werden können und sich auch als Übungen für zuhause eignen, sind Hopserlauf und Überkreuzlaufen dynamisch mit Vorwärts- oder Seitwärtsbewegungen verbunden. Beim Hopserlauf schwingen im Laufschritt abwechselnd das Knie und der seitengleiche Arm noch vorn; die Überkreuzbewegung geht seitlich, wobei des seitlich schwingende Bein vor das Standbein und danach hinter das jeweilige Standbein kreuzt.

4.2.5 Mit Fahrtspiel und Bahntraining zu mehr Tempo

Der ältere Läufer vernachlässigt meistens auch das Tempotraining. Der gezielte Einbau von kurzen Tempoläufen wäre eine einfache Maßnahme, um ein wenig mehr Abwechslung in das Training einzubringen. Viele werden sich wundern, wie sich das gewohnte Tempogefühl wiedereinstellt und wie sehr durch kurze Tempoläufe an der anaeroben Schwelle (vgl. S.90ff) sich das Leistungsniveau auch im Alter zu verbessern vermag. Wer über Jahre hinweg im aeroben Ausdauerbereich trainiert, wird über die Jahre hinweg auch immer besser und schneller werden; irgendwann jedoch wird eine Stagnation einsetzen und es zu einem Rückgang der Leistung kommen. Wer seine Leistung – gerade im Alter und bei einem langsamer werdenden Tempo – verbessern möchte, der wird um gelegentliche Tempoläufe nicht herumkommen. Die stabil angelegte Ausdauergrundlage ist die beste Voraussetzung um mit Freude und Erfolg auch im höheren Alter wieder ein wenig Tempotraining in seine wöchentlichen Trainingseinheiten aufzunehmen. Dazu sollte einmal in der Woche, wenn auch nur für kurze Zeit, auf der Bahn trainiert werden und dort nach dem Einlaufen so schnell wie möglich kurze 30m – 50m Sprints eingelegt werden; das ist nicht sehr anstrengend, fördert aber das Tempogefühl ganz erheblich. Wichtig dabei ist, die Muskulatur gut aufzuwärmen und nicht zu früh mit Vollgas zu laufen. Erst allmählich kann Tempo oder Streckenlänge erhöht werden. Sobald Sie genügend Sicherheit empfinden, können Sie die Längen auf die 100m Bahn ausdehnen, danach joggen sie langsam um die Kurve und beschleunigen am Ende nochmals auf die 100m, und wer statt dessen Kurvenläufe bevorzugt, beschleunigt in der Kurve und läuft dann auf der 100m Bahn gemütlich aus. Wer diese Übung 6 bis 10mal wiederholt, dessen Schnelligkeit wird sich nach einiger Zeit erheblich verbessern.

Die **Fahrtspielmethode** ist eine besondere Form, um mehrere kurze Tempoeinheiten in den Lauf einzubauen. Dabei wird mit wechselnden Geschwindigkeiten auf verschieden langen Streckenabschnitten ohne Pause trainiert. Für bestimmte Teilstrecken oder Zeitabschnitte wird das Tempo spielerisch variiert. Viele Sportler planen das Training bei der Fahrtspielmethode nicht voraus. Sie passen die Belastungen ihrem subjektiven Empfinden und dem Streckenprofil an. Beim Trailrunning ist sie die übliche Form des Trainings, weil sich gerade Strecken, hügelige Anstiege und abschüssige Streckenteile, unterschiedliche Geländeformen und Straßen und Wegprofile einander abwechseln. Methodisch wird das Training als ein „Spiel mit der Geschwindigkeit" (Schwedisch: fartleg) ausgeübt.

4.2.6 Trainingspläne sind dem Grundtempo anzupassen

Eine große Gefahr besteht in der Übernahme von alten Trainingsplänen, die für jüngere und schnellere Läufer ausgedacht und in Laufbüchern veröffentlicht wurden aber nicht dem Leistungsstand des älteren Läufers angepasst sind. Einem Trainingsplan „So läuft man Marathon unter 4.00“ zu folgen, ist der sichere Weg in die Verletzung. Übertraining und Erschöpfung stellen sich sehr schnell ein, wenn man als älterer Läufer nicht mehr in der Lage ist einen km-Schnitt von 6:00 als wirklich lockeren und leichten Lauf über 2 Stunden zu laufen. Deshalb muss sich der Trainingsplan immer am eigenen Leistungsvermögen und am je eigenen Tempo orientieren, das man ohne Verausgabung gut zu leisten fähig ist. Eine Strecke von 25 km als langen langsamen Lauf mit 70% Pulsbelastung in 140 Minuten oder in 210 Minuten zu laufen sind keine vergleichbaren Trainingsbelastungen, nur weil es dieselben 25 km sind.

4.2.7 Längere Regenerationszeiten einplanen

Häufig werden die Regenerationszeiten unterschätzt, was immer dann geschieht, wenn sich ältere Läufer an Trainingsplänen von jüngeren orientieren oder gemeinsam mit ihnen trainieren. Zwar ist durch ein langjähriges Ausdauertraining die Regenerationszeit verkürzt und die Wiederherstellungsfähigkeit verbessert. Trotzdem benötigen ältere Läufer insbesondere nach belastenden Trainingseinheiten mehr Zeit zur Erholung als sie in jüngeren Jahren benötigt haben, weil für die Regeneration wichtige Produktion von Testosteron und Wachstumshormon zurückgegangen ist.

Grundsätzlich sollten nach schwer empfundenen Belastungen Ruhetage oder Regenerationsläufe mit geringem Umfang und Intensität eingeschoben werden.

4.2.8 Das Prinzip der kontinuierlichen Belastung

Ein weiterer wichtiger Grundsatz ist neben der Berücksichtigung der speziellen Bedingungen bei den älteren Sportlern, dass der Sport kontinuierlich ausgeübt wird. Da Trainingspausen ohne sportliche Aktivität schnell wieder zu einem Verlust der sportlichen Leistungsfähigkeit führen und jeder Neubeginn nach einer Pause wieder schwerfällt, sollten längere Trainingspausen vermieden werden. Der Sport sollte deshalb ganzjährig betrieben werden. Wer im Winter mit ruhigen und langen Läufen, mit Nordic Walking oder mit Skilanglauf seine Grundlagenausdauer verbessert, wird gestärkt und motiviert im beginnenden Frühjahr Trainingslust zu neuen läuferischen Zielen verspüren.

Periodisierung gehört zu jeder Jahrestrainingsplanung

4.2.9 Das Prinzip der Periodisierung

Wer so mit seiner Gruppe regelmäßig trainiert hat, kommt konditionell gestärkt aus dem Winter heraus. Es besteht aber die Gefahr des Einfrierens der Leistung, wenn dann nicht neue Trainingsreize und –ziele gesetzt werden.

Ohne sich sportliche Ziele zu setzen, auf die man final hintrainiert oder auch wenn sich das Training nicht an sportlichen Zielen orientiert, bleibt es dem Zufall überlassen sich in seiner Disziplin zu verbessern. Am besten gelingt eine zielgenaue Verbesserung mit Hilfe der Periodisierung des Trainings. Periodisierung ist die Abwechslung von Belastungs- und Entlastungsphasen, die sich im Jahresverlauf im Wesentlichen an den geplanten sportlichen Zielen der Sportler orientieren müssen.

Wer einen Blick auf die jährlich von den Verbänden herausgegebenen Laufkalender legt, wird feststellen, dass die meisten Wettkämpfe von April bis Oktober angesetzt sind. In den Wintermonaten finden sich ein paar kürzere Veranstaltungen bei den Winterlaufserien oder die Querfeldeinläufe. So macht es Sinn den Jahrestrainingsplan am Veranstaltungsplan mit den Höhepunkten im Spätfrühjahr und Frühherbst zu orientieren. Das heißt, dass während der Monate in der Übergangsphase von November bis Dezember Regeneration, ein wenig Tempospiel und leistungserhaltendes Lauftraining im Vordergrund stehen. Erst mit der Vorbereitungsphase in den Wintermonaten werden die Trainingsumfänge etwas angezogen bis dann in den Phasen der unmittelbaren Vorbereitung auf Wettkämpfe Umfang und Intensität je nach sportlichen Zielen zielgerecht erhöht werden sollen.

Ein Kalenderjahr entspricht so typischerweise genau einem Trainingszyklus, der abhängig von der gewählten Periodisierungsmethode in bis zu drei Einheiten, je eine Vorbereitungsphase (VP), eine Wettkampfphase (WP) und eine Übergangsphase (ÜP) unterteilt wird.

Die Folge aus der Periodisierung des Trainings ist ein wellenförmiger Trainingsverlauf. Es werden bei der Periodisierung sowohl kürzere (Wochen) als auch längere Zeitintervalle (Monate) durch den Wechsel von zunehmenden und abflauenden Belastungen gestaltet.

5. Die Jahrestrainingsplanung beim Laufen und Power Nordic Walking

Zu Beginn jeder Trainingsplanung stehen die Ziele und Wünsche sowie die geplanten Vorhaben des Läufers oder Nordic Walkers sowie sein aktueller Trainingszustand. Es macht in der Trainingsplanung einen erheblichen Unterschied, ob nur die mehrfache Teilnahme bei Volksläufen geplant ist, vielleicht ein Langstreckentrail oder Bergläufe im hügeligen Gelände oder ob mit der Teilnahme an einem Halbmarathon oder gar an einem Marathonlauf gerechnet wird. Damit diese Bewerbe erfolgreich absolviert werden können, muss das Training aufeinander abgestimmt sein (siehe nachfolgende Abb. 6).

Unter Berücksichtigung der grundsätzlichen Trainingprinzipien und unter Anwendung der entsprechenden Trainingsmethoden kann nun ein Jahrestrainingsplan erstellt werden, der auf die sportlichen Ziele des Läufers oder Nordic Walkers ausgerichteter ist.

Der Jahrestrainingsplan besteht aus den großen Abschnitten. Das sind:

- Übergangsperioden, die der Regeneration dienen
- Vorbereitungsperioden, die auf Wettkämpfe hinführen
- Wettkampfperioden, in denen Wettkämpfe bestritten werden

Wenn trotz einer sorgfältigen Trainingsplanung die sportlichen Ziele nicht erreicht werden, dann liegt dies meistens an zu hoch gesteckten Erwartungen oder zu großen Abweichungen bei der Umsetzung der Trainingsvorgaben, entweder wegen Krankheit, Verletzungen oder beruflicher oder privater zeitlicher Engpässe.

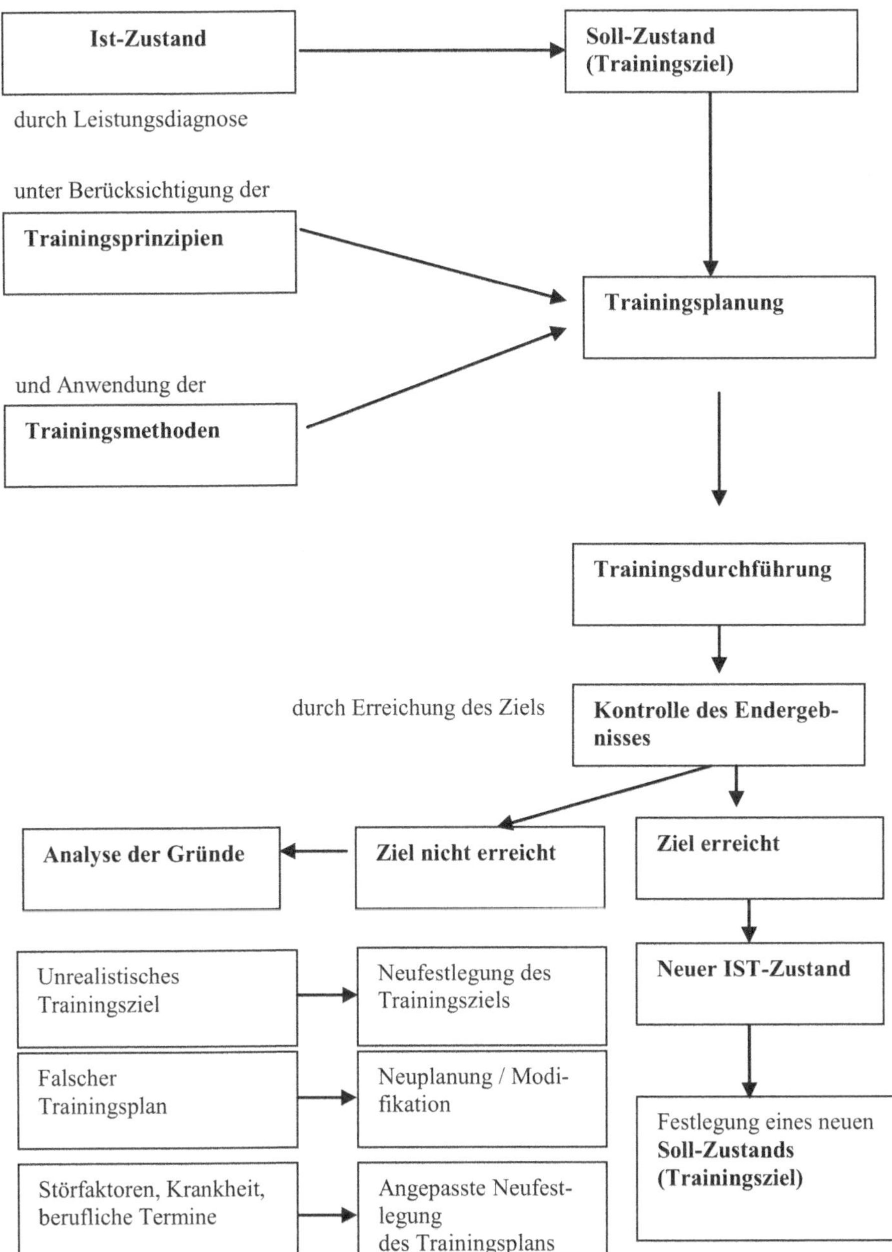

Abb.6: Schema einer längerfristigen Trainingsplanung

Die Einteilung in Übergangs-, Vorbereitungs- und Wettkampfperiode ist grundsätzlicher Art und gilt in mehr oder weniger abgewandelter Form für Jeden, unabhängig von Trainingsalter oder Qualifikation. Auch der Anfänger und gesundheitssportlich orientierte Läufer oder Walker wird meistens im Spätherbst und Winter etwas zurückschrauben und erst mit den länger werdenden Tagen sein Training vermehrt wieder aufnehmen um im Sommer, in Bezug zu Trainingshäufigkeit und Umfang, seinen Jahreshöhepunkt erreichen zu können. Wenn der Gesundheitssportler nun auch noch den Wunsch verspürt an einem oder zwei Volksläufen teilzunehmen, dann wäre mit den beiden Wettkämpfen als Leistungs- und Trainingshöhepunkt eine einfache Form der dreiphasigen Vorbereitung realisiert. Insgesamt gesehen lassen sich jedoch, was Umfang und Intensität der trainingsmäßigen Belastungen betrifft, deutliche Unterschiede zwischen den verschiedenen Gruppen, wie Anfänger, Fortgeschrittene, Trailläufer und -walker und Meisterschaftsteilnehmer feststellen. Je leistungsorientierter jemand trainiert, desto mehr kommen hier auch wettkampfspezifische Belastungen dazu. Die Anordnung der Perioden im Jahr kann ein- oder zweigipflig erfolgen, je nachdem ob ein oder zwei Wettkampfhöhepunkte angestrebt werden sollen.

Eine komprimierte Jahrestrainingsplanung mit der Anordnung von Trainingstagen und Trainingskilometern im Monatsverlauf ist in Tabelle 12 beispielhaft dargestellt.

Monate	**Trainingseinh./ Woche**	**Läufer**	**Walker**	**davon Tempo)**
Nov	2 - 3	35	18	0
Dez	2 - 3	35	18	0
Jan	3	40	25	1
Feb	3 - 4	42	30	2
März	3 - 4	44	35	4

April	4 - 5	48	42	5
Mai	4 - 5	55	48	3
Juni	4	52	45	1
Juli	3	40	25	1
August	4	45	35	2
Sept	4 - 5	50	40	4
Okt	4	40	35	1

Tabelle 12: Idealtypischer zweiphasiger Jahrestrainingsplan für Läufer und Power Nordic Walking

Der dargestellte Plan hat einen idealtypischen Verlauf mit den drei Phasen, die sich immer wiederholen und Trainingspläne charakterisieren. Auch dieser beginnt mit der Regenerationsphase am Ende der Hauptwettkampfzeit im Übergang zum November mit deutlich verminderter Gesamtkilometerzahl. Die Vorbereitungsphase erstreckt sich dann ab Januar bis in den April hinein, wobei schon im März oder April auch erste Teilnahmen an kleineren Veranstaltungen möglich sind. Der geplante Hauptwettbewerb, zum Beispiel ein Halbmarathon, liegt dann im Mai oder Juni. Wenn dann erst im Herbst nochmals ein wichtiger Wettkampf ansteht, wird das dem bisher erreichten Leistungsniveau keinen Einbruch bescheren, wenn während der Urlaubsmonate im Juli oder August das Training umfangmäßig deutlich reduziert wird, um dann ab Ende August zu versuchen, an den im Frühsommer erreichten Leistungsstand nochmals anzuknüpfen. Während die meisten Läufer mit diesem Jahresplan ihr sportliches Jahr erfolgreich abschließen können, werden ihn andere verändern und an ihre sportlichen Ziele anpassen müssen. Wer zum Beispiel nach den Wettkämpfen im Oktober schon im Januar an einem Skimarathon teilnehmen möchte, dem würde man empfehlen die eigentliche Regenerationsphase in die Monate Februar und März zu verlegen und vor der Vorbereitung auf den Skimarathon nur eine kürzere Ruhephase im Übergang zwischen Oktober und November einzuplanen.

Training muss Spaß machen

Das Wichtigste dabei ist immer, dass das Training zur Vorbereitung auf ein solches Ereignis Spaß machen muss. Solange nach dem sportlichen Training – auch wenn der lange Lauf oder Walk länger als gewohnt ausgefallen ist oder nicht so beliebte Tempointervalle auf dem Trainingsplan standen – sich schnell ein Gefühl der Ausgeglichenheit, der inneren Gelöstheit und Freude einstellt, bin ich als Ausdauersportler auf dem richtigen Weg. Wer aber vor dem Training nach Ausreden sucht, um es ausfallen zu lassen oder mit Unlust daran teilnimmt, kann dies als deutliches Signal verstehen umzudenken und seinen Trainingsplan nach Kriterien der Überlastung zu analysieren. Damit es für niemanden soweit kommt und die sportlichen Ziele nicht zu einer Überforderung führen, ist zunächst die Messung der Grundschnelligkeit wichtig, um daraus eine realistische Einschätzung für die im Wettkampf mögliche Zeit zu gewinnen. Es nutzt nichts, nach einem Trainingsplan für 2:10 Stunden für einen Halbmarathon zu trainieren, wenn die Pace (die für einen km benötigte Zeit) bei 7 Minuten liegt. Deshalb ist die wichtigste Frage bei der Vorbereitung auf einen Laufwettbewerb, wie schnell bin ich überhaupt noch – und welche Zeit benötige ich für einen Kilometer ?

Lauftempo entscheidet über laufsportliche Orientierung

5.1 Die Feststellung des IST-Zustands

5.1.1 Wie schnell bin ich noch: Zahlenspiele mit der Laufzeit

Für die Festlegung der sportlichen Ziele sind eine Einschätzung des Lauftempos auf einer kurzen Strecke und die Dauerleistungsfähigkeit auf einer längeren Strecke eine wichtige Voraussetzung. Zwar ist jeder Läufer mit einer jahrelangen Lauferfahrung, aber auch ein Neueinsteiger nach einem Jahr regelmäßigen Lauftrainings, in der Lage an einem 10000m Volkslauf erfolgreich teilzunehmen. Aber schon bei der Halbmarathonstrecke und erst recht bei der Marathondistanz muss sich jeder Altersläufer die Frage nach seinem konstanten Dauerlauftempo stellen. Verfügt er noch über Kraft und Ausdauer genug, um noch vor dem gesetzten Timeout (also vor Zielschluss) anzukommen. Hier trennen sich dann oft die sportlichen Orientierungen, sowohl der Läufer wie auch der Nordic Walker, wie wir später noch nachlesen können. Wer kein flottes Dauerlauftempo mehr aufrechterhalten kann, und es unrealistisch erscheint die 42 Kilometer in fünf Stunden zurückzulegen, der sollte auch bei keinem der zahlreichen kleineren Marathonveranstaltungen teilnehmen, bei denen nach fünf oder 5:30 Stunden Schluss ist. Das Training würde nicht belohnt durch die Körper im Ziel vor Freude und Glück erzittern lässt. Genau das Gegenteil wäre der Fall, - die Folge wäre Frustration und negative Konditionierung.

Bei Marathon auf den Zielschluss achten

Tempo und Ausdauer sind die beiden Variablen für die Auswahl von Wettkampf- und Volkslaufteilnahmen – vom 5000m Volkslauf bis hin zu Marathon oder Halbmarathonläufen. Bei der Teilnahme an Ultraläufen (z.B. die 100 km von Biel), langen Bergläufen (wie beim Swiss Alpine Marathon in Davos) oder bei Etappenläufe über mehrere Tage (z. B. Baltic Run, Schwarzwaldlauf oder Spreelauf) ist nicht das Tempo, das beispielsweise gelaufen werden kann wichtig, sondern die Fähigkeit Ermüdung lange hinauszuzögern und die Ausdauer so lange wie möglich durchzuhalten.

5.1.2 Schnelligkeit auch eine Frage der Genetik

Die Fähigkeit schneller als andere zu laufen ist nicht immer nur dem Training zuzuschreiben; wir alle haben uns doch oft schon über den einen oder anderen Läufer gewundert, der viel schneller war, obwohl er weniger trainiert. Der Grund dafür dürfte in der Struktur der Muskulatur zu finden sein, denn darin werden zwei verschiedene Fasertypen unterschieden, nämlich die sog. schnell zuckenden (fast twitch) FT-Fasern und langsame (slow twitch) ST-Fasern. Wichtig für die Beurteilung des Leistungsvermögens eines älteren Läufers ist die genetisch bedingte Verteilung seiner schnellen FT-Fasern und langsamen ST-Fasern. Die langsam zuckenden-ST Fasern kontrahieren sich langsam und sehen auf Grund eines hohen Myoglobingehalts („Sauerstoffspeicher" des Muskels) und einer starken Kapillarisierung rot aus. Daneben enthalten sie sehr viel Mitochondrien („Kraftwerke der Zelle“) und hochaktive Enzyme des aeroben Fett- und Kohlenhydratstoffwechsels. Dies ist ein Hinweis auf ihre Fähigkeit, ausdauernd arbeiten zu können. Die schnellzuckenden-FT-Fasern kontrahieren demgegenüber schnell, ermüden aber auch schnell. Muskeln, die vorwiegend FT-Fasern enthalten, sind myoglobinarm und enthalten weniger Fett, aber sehr viel Kohlenhydrate. Sie entwickeln wesentlich mehr Kraft pro Muskelkontraktion als die ST-Fasern. Kurzstreckenläufer haben einen hohen Anteil von FT-Fasern, Langstreckenläufer einen hohen Anteil von ST-Fasern in der Beinmuskulatur.

Von Bedeutung für die sportliche Leistungsentwicklung beim älter werdenden Sportler ist die frühere Schrumpfung der schnellen FT Fasern im Vergleich zu den langsamen ST Fasern, deren Rückgang erst nach dem 70. Lebensjahr signifikant beginnt. Damit nimmt die Leistungsfähigkeit bei der Schnellkraftbelastung früher ab, als bei der Dauerbelastung mit geringerer Intensität (vgl. Kleinert 2005). Da es nie nur den reinen FT-Fasertyp und den ST-Fasertyp gibt, sondern immer ein Mischungsverhältnis vorliegt, sollte aber auch der langsamere Läufer darauf bedacht sein, seinen Rückgang der FT Fasern auszugleichen und deshalb auch ein regelmäßiges Krafttraining in sein Training einbeziehen. Bis zu 30% Hinzugewinn an Kraft ist so möglich, was in funktioneller Hinsicht einer Verjüngung von 10 bis 20 Jahren entspricht (vgl. Kleinert, S.178)

5.2.3 Zeitschätzung mit der Faustformel von Manfred Steffny

Eine Hilfe, den Zeitverlust auf der längeren Strecke zu berechnen, bietet die Faustregel, die Manfred Steffny in seinem Buch „Marathon Training“ (2001, S 36ff) für Laufwettbewerbe von 1000m bis hin zu einem Marathon beschrieben hat. Und so sieht seine Berechnung aus: Ausgangspunkt ist immer die 1000m-Zeit, denn diese stellt die Grundlage dar, mit der eine Geschwindigkeit auf eine längere Strecke übertragen werden kann. Da mit jedem weiteren Schritt über die 1000m Marke ein Zeitverlust durch Ermüdung einsetzt, kann die 1000m-Zeit nicht einfach mit der Streckenlänge multipliziert werden. Es muss wegen der Ermüdung ein Zeitzuschlag für die längere Strecke hinzukommen, der umso größer ausfällt je weiter sich die Strecke von den 1000m.

Steffny ermittelte seine Formeln zur Berechnung einer einschätzbaren Laufzeit in seinem Standartwerk „Marathontraining“ als Ergebnis der vergleichenden Auswertung von tausenden Laufzeiten der verschiedenen Wettkampfstrecken;

Schätzformel für die jeweils bestmögliche Zeit auf der längeren Strecke (nach Manfred Steffny, Marathon Training)

1000m Zeit mal 12 = 10000m Zeit
1000m Zeit x 56 = Marathon Zeit
10000-m Zeit mal 2,21 = Halbmarathon-Zeit und
10000m Zeit mal 4,6667 = Marathon Zeit
Halbmarathon Zeit mal 2,11 = Marathon Zeit (maximal)

Wenn wir der Einfachheit halber annehmen, dass ein Altersläufer bei einem 10000m Volkslauf mit 60. Min in das Ziel kam und sich auf einen Marathon vorbereiten möchte, dann beträgt seine maximal mögliche Zeit

60 Minuten mal 4,6667 = 280 Minuten = 4:40:00.

Für den Halbmarathon würde er 60 Minuten mal 2,21 = 132 Minuten = 2:12:36 benötigen. Aber dies sind nur Zeiten, die maximal möglich sind. Die Abweichungen von diesen Zeiten können groß sein, in Abhängigkeit von Vorbereitung, Tagesform und den zurückliegenden Jahren mit regelmäßigem Lauftraining.

Wer sich auf einen Halbmarathon oder Marathon vorbereiten möchte, sollte schon einmal die 10km oder den Halbmarathon im Wettbewerb gelaufen sein, um einen zuverlässigen Zeitanker zu haben, den er dann zumindest für die Hochrechnung auf seine maximal mögliche Zeit verwenden kann.

5.2.4 Wie schnell könnte ich noch sein? Der Vergleich mit früheren Zeiten

Die Erfahrung, mit den Jahren langsamer zu werden, bleibt keinem Läufer erspart. Die Gründe dafür sind bekanntermaßen der Rückgang in der Auslenkungsbreite zwischen Ruhepuls und Maximalpuls, die Abnahme der VOmax und der muskulären Kraft. Kein Sportler kann diesen grundsätzlichen Prozess aufhalten. Die uns aber interessierende Frage ist, um wieviel Prozent wir langsamer werden und ob unsere Altersleistung in einem linearen Zusammenhang mit unseren Bestzeiten in jüngeren Jahren steht.

Einen zuverlässigen Überblick über die Leistungsfähigkeit im Alter erhält man mit Hilfe der Altersstufentafel von Peter Mundle (M. Steffny) oder R. C. Fair. Grundlage dafür war eine Erhebung der World Association of Veteran Athletes (WAVA) über die in den verschiedenen Altersgruppen gemessenen Laufzeiten von 100m bis Marathon. Die Tabellen wurden als sog. Masters Age-Graded Tables veröffentlicht. Damit konnte man erstmals anhand statistischer Daten die prozentualen Leistungsrückgänge in den Altersstufen berechnen. Dies hat Ray C. Fair (1994) gemacht und festgestellt, dass das Tempo beim Marathon bis weit in die 50er Altersgruppe jährlich nur um 0,5%; abnimmt und ein deutlicher Zeitverlust noch vor dem 60. Lebensjahr in größeren Schritten erfolgt. Beim Halbmarathon und 400m-Lauf hingegen vollzieht sich der Tempoverlust mit 0,8% jährlich etwas schneller auch der Knick beim prozentualen Tempoverlust wird schon zwischen 52 und 53 Jahren merklich größer. Die daraus errechneten Altersfaktoren sind in der nachfolgenden Tabelle wiedergegeben. Wie die Anwendung der Altersfaktoren zur Bestimmung des altersadaptierten Tempos und zur Anwendung auf die eigenen gelaufenen Zeiten funktioniert, ist auf der nachfolgenden Seite an einigen Beispielen zum Nachvollziehen dargestellt.

Alter	Halbmarathon	Marathon
	Altersfaktor	Altersfaktor
35	1.0284	1,0143
36	1.0367	1.0197
37	1.0450	1.0251
38	1.0534	1.0305
39	1.0619	1.0360
40	1.0705	**1.0415**
41	1.0791	1.0470
42	1.0878	1.0526
43	1.0965	1.0581
44	1.1054	1.0637
45	1.1143	1.0694
46	1.1233	1.0751
47	1.1323	1.0808
48	1.1414	1.0865
49	1.1506	1.0922
50	1.1599	1.0980
51	1.1692	1.1039
52	1.1788	1.1097
53	1.1889	1.1156
54	1.1993	1.1215
55	1.2102	1.1275
56	1.2215	1.3346
57	1.2332	1.1395
58	1.2454	1.1455
59	1.2580	1.1516
60	1.2712	1.1594
61	1.2848	1.1690
62	1.2989	1.1806
63	1.3135	1.1940
64	1.3287	1.2094
65	1.3444	**1.2270**
66	1.3607	1.2466
67	1.3775	1.2685
68	1.3439	1.2927
69	1.4129	1.3193
70	1.4316	1.3486
71	1.4509	1.3805
72	1.4708	1.4153
73	1.4915	1.4532
74	1.5128	1.4944
75	1.5349	1.5390
76	1.5577	1.5872
77	1.5813	1.6395
78	1.6056	1.6960
79	1.6308	1.7570
80	1.6568	1.8229

Beispiel:
Ein 65-jähriger Läufer möchte wissen, wie schnell er noch bei einem Marathon sein könnte (Erwartete Zeit mit 65J = EZ65). Als Vergleichszeit kann er eine Zeit von 3 Stunden und 50 Minuten angeben, die er als 40jähriger gelaufen ist. (Bezugszeit BZ40 = 230 Minuten).

Berechnung:

EZ65 = BZ40 mal AF65 / AF40

EZ65 = 230 x 1,2270 / 1,0415

EZ65 = 270 = 4:30

Bei vergleichbaren Bedingungen wie Fitnessgrad und Trainingszustand und Körpergewicht, würde ein 65 jähriger Läufer bei einem Marathonlauf im Vergleich zu früher (40 Minuten länger benötigen – und dies nur auf Grund seines um 25 Jahre höheren Alters.

Tab.13: Altersfaktoren zur Berechnung und zum Vergleich aktueller mit früheren Laufzeiten

Auch in umgekehrter Richtung kann der Vergleich angestellt werden. Ein älterer 59-jähriger Läufer, der vor wenigen Jahren mit dem Laufen begonnen hat und nun seinen ersten Marathon erfolgreich mit 4:13 abgeschlossen hat, möchte wissen, wie schnell er mit 35 Jahren gewesen wäre.

Gesucht ist die EZ35, bekannt ist seine aktuelle Zeit BZ59 mit 4 Stunden und 11 Minuten.

EZ35 = 251 x AF35 / AF59
EZ35 = 251 x 1,0143 / 1,1516

Die erwartete Zeit, die er mit 35 Jahren hätte laufen können wäre demnach 221 Minuten und entspricht 3:41

5.2.5 Der 2000m Nordic Walking Test

Auch für einen Nordic Walker, der seit einem halben oder einem Jahr regelmäßig walkt, auch zwischendurch ein paarmal schneller geht und nun sportlichen Ehrgeiz entwickelt, um an Volksläufen oder längeren Wettbewerbsstrecken teilzunehmen, stellt sich natürlich die Frage, welches Gehtempo für ihn maximal möglich ist.

Spätestens jetzt wäre es die richtige Zeit, sich einmal einem Test zu stellen und zu versuchen abgemessene 2 Kilometer so schnell wie möglich zurückzulegen. Neben einer genau abgemessenen, ebenen Strecke ist auch eine 400m Bahn dafür gut geeignet.

An Hand der Tabelle kann jeder leicht sein Leistungsniveau bewerten und daraus Rückschlüsse ziehen, welche Endzeiten auf einer 10 km Strecke oder in einem Wettbewerb über die Halbmarathondistanz zu erwarten sind. Eine individualisierte Leistungsanalyse ist als Grundlage für einen möglichst realistisch durchzuführenden Trainingsplan unverzichtbar. Wer seine im 2000-m Test erreichte Zeit durch 2 dividiert erhält dann seine rechnerische km-Zeit.

Alter / Männer					
30	40	50	60	70	
14:45	14:45	15:15	15:45	16:45	Über dem Durch-schnitt
bis 15:45	bis 16:15	bis 16:45	bis 17:15	bis 18:15	durch-schnittlich
>15:45	> 16:15	>16:45	> 17:15	> 18:15	Unter dem Durch-schnitt
Alter / Frauen					
16:00	16:15	16:30	16:45	17:15	Über dem Durch-schnitt
Bis 17:30	Bis 17:45	Bis 18:00	Bis 18:15	Bis 18:45	durch-schnittlich
> 17.30	> 17:45	> 18:00	> 18:15	> 18:45	Unter dem Durch-schnitt

Tabelle 14: Der 2000m Nordic Walking Test
** nach: Herbert Steffny, Walking, Südwest Verlag, 2003 und Klaus Bös, Handbuch für Walking, Meyer & Meyer Verlag, 2000, S. 81*

Wer eine Pulsuhr besitzt kann bei dem Test auch noch seinen Pulswert kontrollieren. Als idealer Belastungswert gelten 80% - 90% des Maximalpulses. Wer deutlich darunter liegt, hat noch erheblichen Spielraum, um sein Tempo nach oben zu steigern.

Diese Teststrecke so schnell wie möglich zu walken kann nur jedem empfohlen werden, der nach Trainingsplan auf einen 10000m Nordic Walking Volkslauf oder einen Halbmarathon trainieren möchte. Die 2000m-Zeit erlaubt dann eine Einschätzung dafür, welche Zeit für eine 10km-Strecke mindestens benötigt wird. So macht es nämlich wenig Sinn nach einem Trainingsplan für 70 Minuten auf die 10km-Strecke zu trainieren, wenn für die 2000m schon 17 Minuten benötigt werden. Auch einen Halbmarathon unter 3 Stunden zu gehen, ist bei einer 2000m-Zeit von 17 Minuten kaum möglich, zumindest nicht beim ersten Mal. Hingegen kann sich ein Walker mit einer 2000m-Zeit von 14 Minuten Hoffnung machen, einen Halbmarathon theoretisch in 2:30 zu beenden, wobei aber ein Tempoverlust über die Streckenlänge nicht berücksichtig ist. Realistischer für ihn ist eine Zielzeit unter 2:45 im Halbmarathon. Für die realitätsnahe Einschätzung der möglichen Zielzeit sollte deshalb immer die Grundschnelligkeit gemessen werden, sowie die aerobe und anaerobe Ausdauer, die ein Indikator dafür ist, wie lange ein vorgegebenes Tempo ohne Ermüdung durchgehalten werden kann.

Für genaue Trainingspläne ist Tempo$_{max}$ wichtig

Genau das ist das Thema des nächsten Abschnitts bei dem es um den Laktattest geht; es dient zur Bestimmung der Fitness und der unteren und oberen Belastungsgrenzen. Der Test ist für ist es für Nordic Walker genauso geeignet wie für Läufer. (Welz 2017).

5.3 Vom Laktatstufentest zum Trainingstempo

Genauer als mit der Schätzformel läßt sich das möglichen Lauftempo und der Belastungsbereich im sportmedizinischen Labor mit dem Laktatstufentest bestimmen. Seine Aussagekraft gewinnt der Laktattest aus der Korrelation zwischen Herzfrequenz, Belastungsintensität (= Lauf- oder Gehgeschwindigkeit), Sauerstoffverbrauch und Laktatwert. Mit zunehmendem Tempo auf dem Laufband steigen parallel dazu die Herzfrequenz und der Sauerstoffbedarf an. Das Laktat kommt erst dann ins Spiel, wenn die Sauerstoffmenge nicht mehr vollständig zur Energieversorgung der Muskulatur ausreicht und anzusteigen beginnt. Der Anstiegt des Laktatspiegels wird umso größer je weniger der zugeführte Sauerstoff zur Energieversorgung der Muskulatur ausreicht.

Durch die gleichzeitige Messung von Herzfrequenz, Lauf- oder Gehgeschwindigkeit und Laktatwert, lässt sich jedem Laktatwert ein genauer Bereich einer trainingswirksamen

Herzfrequenz und parallel dazu einer Laufgeschwindigkeit zuordnen.

Der Laktattest findet auf einem Laufband statt. Nach einer Eingehphase erfolgt eine erste Belastungsphase mit einem geringen Anfangstempo von je 3 Minuten Dauer. Nach diesen drei Minuten wird die Pulsfrequenz gemessen und mit einem dem Ohrläppchen entnommenen Tropfen Blut der Laktatwert bestimmt. Danach erfolgt eine weitere 3-minütige Belastung mit anschließender Messung, wobei von einer Belastungsstufe zur nächst höheren Belastungsstufe das Tempo jeweils um 1 km/h oder um 0,5 km/h beim Walking solange gesteigert wird, bis der getestete Sportler die Belastung abbricht.In dem Auswertungsprotokoll war dies bei einem Tempo von 11km/h soweit.

Stufe	Intensität	Stufendauer	Puls	Laktat	Borg-Skala
1	6 km/h	3 Min.	81	0,8	Sehr leicht
2	7 km/h	3 Min.	90	0,8	leicht
3	8 km/h	3 Min.	100	1,0	Leicht anstrengend
4	9 km/h	3 Min.	112	1,4	anstrengend
5	10 km/h	3 Min.	130	3,0	anstrengend
6	11 km/h	Abbruch nach 2,5 Min.	145	4,8	Sehr anstrengend
Erholung		1 Min.	97		
		2 Min.	94		

Tabelle 15: Anstieg von Pulsfrequenz und Laktatwert eines älteren Läufers im Belastungstest auf dem Laufband

Man sieht in der Tabelle sehr schön wie die Pulsfrequenz gleichsinnig mit der Tempoerhöhung ansteigt und das Laufen ab einem Tempo von 10 km/h als anstrengend empfunden wird. Der Grund für die Anstrengung ist die Erhöhung des Laktatwerts von 1,4 auf 3 zwischen 9 km/h und 10km/h.

Der Laktatstufentest hat nicht nur den Vorteil, die maximale Herzfrequenz genauer zu messen, er gibt auch Auskunft über den aktuellen Leistungsstand, nämlich ab welchem Tempo - gemessen als km/h oder m/sec - die Leistung gerade noch im Bereich des Laktat steady state erbracht wird. In der Trainingspraxis hat sich bei der Laktatbelastung 2,5mmol/l als praktikabler Wert erweisen, bei dem das Tempo auch über eine längere Zeit noch gut ausgehalten werden kann (Dickhut et al., 1989; 1996).

Die individuell aerobe Schwelle ist die Dauerleistungsgrenze

Neben 2,5 mmol/l- Grenze im Übergang zum anaeroben Bereich sind auch für die aerobe Grenze zwei Werte angegeben, nämlich die beiden individuellen aeroben Schwellen, wobei sich die mmol/l Laktatwerte zwischen 0,90 und 2,00 bewegen. Die untere aerobe Schwelle ist gleichzusetzen mit der Dauerleistungsgrenze, das ist die niedrigste Belastungsgrenze, bei die Muskulatur nicht mehr nur rein aerob arbeitet – am anderen Ende ist die Grenze festgelegt, die die maximale Leistung angibt, bei der die Energiebereitstellung gerade noch aerob erfolgt (Physiologie des Menschen, S. 934).

6. Energiebereitstellung und Herzfrequenz beim sportlichen Training und Wettkampf

Im vorangegangenen Kapitel haben wir gesehen, wie sehr die Herzfrequenz mit der Anstrengung auf dem Laufband verbunden ist. Nicht anders verhält es sich im Training und Wettkampf – je nach Intensität beträgt der Puls zwischen 60% der maximalen Herzfrequenz bei regenerativer Aktivität bis hin zu 90% bei sehr intensiven Läufen oder Walks. Auch die aeroben und anaeroben Bereiche haben – wie wir in der Tabelle 14 ablesen konnten etwas mit dem Tempo zu tun – sie gehen ineinander über und trennen zwei unterschiedliche Formen der Energiebereitstellung von einander ab.

6.1 Formen der Energiebereitstellung beim Sport

Man kann den Prozess der Energiebelieferung der Muskulatur als einen Kreislauf sehen, zu dessen Kette drei Glieder gehören: die Intensität der sportlichen Belastung, die Pulsfrequenz und die Sauerstoffaufnahme.

Jede Ausführung einer sportlichen Tätigkeit via Bewegung ist nur möglich durch die Kontraktionsfähigkeit von Muskelzellen. Um eine Bewegung zu erzeugen, benötigt die Muskelzelle Energie, die im Maßstab zur Stärke der Bewegung und ebenso korrespondierend zu deren zeitlichen Dauer aufgewendet werden muss. Grundsätzlich bezieht die Muskeltätigkeit ihre Energie daraus, dass in den einzelnen Muskelzellen eine Substanz namens Adenosin**tri**phosphat **(ATP)** zu Adenosin**di**phosphat **(ADP)** und einem Phosphatrest (P) abgebaut wird. Die dabei freiwerdende Energie löst die Muskelkontraktion aus. Dieser Prozess der Energiebereitstellung, der immer am Ende einer unterschiedlichen langen Kette von biochemischen Prozessen steht, kann vereinfachend so beschrieben werden:

ATP ⟶ ADP + P + Energie

Die Umwandlung von ATP zu ADP läuft ohne Mithilfe von Sauerstoff ab und käme schon nach wenigen Muskelkontraktionen wegen des Verbrauchs des ATP-Vorrats zum Stillstand, wenn nicht in der Muskelzelle selbst und praktisch ohne Zeitverlust aus dem ADP und dem Phosphatrest (P) unter Zufuhr von Energie wieder ATP aufgebaut würde. Dauert jedoch eine Belastung länger als zwei Sekunden kann die Erzeugung von ATP nicht mehr durch Rückgewinnung aus ADP + P erfolgen und die Energiebereitstellungskette muss durch andere Stoffwechselvorgänge aufrechterhalten werden. Wie effektiv die Nachlieferung von ATP in der Belastung ist, sieht man daran, dass z.B. während eines Marathonlaufs ungefähr 60kg ATP umgesetzt werden (Physiologie des Menschen, S. 930).

Physiologische Abläufe bei der Energiebereitstellung

Für die Neugewinnung von ATP stehen drei Stoffwechselprozesse und Speichersysteme zur Verfügung, die unterschiedlich effizient sind und auf die der Körper je nach Dauer und Intensität einer Belastung zurückgreifen muss.

1. Die ATP-Resynthese durch Kreatinphosphat
2. Anaerober und aerober Abbau von Glykogen
3. Oxidation von Fettreserven

Die ATP-Erzeugung und damit die Energiebereitstellung geschieht durch Ab- und Umbau anderer Substanzen (die in der Muskelzelle selbst gespeichert sind und/oder über die Blutbahn herbeitransportiert werden). Sofern der Ab- und Umbau ohne Verwendung von Sauerstoff stattfindet sprechen wir hier von der **anaeroben** Form der Energiebereitstellung. Bei der chemischen Umwandlung unter Verwendung von Sauerstoff von dem **aeroben** Weg. Diese beiden Begriffe sind von grundlegender Wichtigkeit und sind uns in diesem Buch immer wieder begegnet. Die anaeroben Prozesse laufen schnell ab und erlauben daher eine hohe Intensität der Leistung, sind allerdings bei maximaler Belastung nach ca. zwei Minuten erschöpft, die aeroben Prozesse arbeiten langsamer, laufen erst nach zwei bis vier Minuten optimal aber dafür sehr lange. An dem Prozess der ständigen ATP Aufbaus sind folgende Substanzen beteiligt:

- Kreatinphosphat (in Körperzellen vorhanden)
- Sauerstoff (durch Atmung aufgenommen)
- Glykose (entsteht durch Umwandlung der mit der Nahrung aufgenommenen Kohlehydrate)
- Fette (ebenfalls durch Nahrung aufgenommen oder Umwandlung nicht benötigter Zucker) und
- Milchsäure

6.1.1 Anaerobe Prozesse zur Energiebereitstellung

Anaerobe Prozesse der Energiebereitstellung verlaufen entweder durch Abbau von Kreatinphosphat, das in der Muskelzelle vorhanden ist, oder durch anaeroben Abbau von Glykogen. In beiden Fällen wird dazu kein Sauerstoff benötigt, der durch die Atemluft aufgenommen wird.

Das Kreatinphosphat, mit dessen Hilfe ATP erzeugt wird, ist in der Muskelzelle nur begrenzt gespeichert und reicht für ca. acht bis zwanzig Sekunden. Durch die biochemische Umwandlung von Kreatinphosphat sind Leistungen sehr hoher Intensität (z. B. 100-m-Lauf) möglich. Deshalb wird diese Form der Energiebereitstellung auch das Sprinter-Energiesystem genannt, weil es bei den Kurzstecken eine wichtige Rolle spielt. Der Unterschied zwischen dem 100m Lauf und dem Marathon besteht darin, dass der 100m oder 200m Läufer sein ATP im Ziel vollständig aufgebraucht hat und während des Rennens gezwungen ist eine hohe Sauerstoffschuld einzugehen, die nach dem Rennen durch heftige Nachatmung allmählich wieder abgebaut wird.

Beim **anaeroben Abbau von Glykogen** (anaerobe Glykolyse) wird aus Glykogen (einer körpereigenen Speicherform von Traubenzucker) ATP erzeugt. Dies ist bei intensiven sportlichen Belastungen, die länger als 10 – 20 Sekunden andauern der Fall. Die benötigte Energie zur Wiederherstellung von ATP wird unter Bedingungen von Sauerstoffmangel (anaerob) durch den Abbau des im Blut und in der Leber gespeicherten Glykogens zur Verfügung gestellt, wobei als Nebenprodukt das leistungsmindernde Laktat gebildet wird. Die ausschließliche anaerobe Glykolyse reicht für circa 2 - 4 Minuten und der Länge eines 1500m Laufs aus und kommt dann zum Stillstand. Der Grund liegt darin, dass bei derartig intensiven Belastungen nicht genügend Sauerstoff zum vollständigen Abbau von Glukose zur Verfügung steht. In Folge wird die anaerob nicht mehr abgebaute Glukose zu Michsäure umgewandelt und dieses Laktat hemmt den Prozessablauf schwerwiegend dadurch, dass es zu einer **Übersäuerung** der Muskulatur kommt. Ist dieser Zustand im Prozess der Energiebereitstellung erreicht, so spricht man von der **anaeroben Schwelle,** die bei einer Laktatkonzentration von ca. 4mmol Laktat pro Liter Blut erreicht ist. Der Begriff „Mol“ ist eine Mengenbezeichnung, die besagt, wie viele Moleküle eines Stoffes in einem anderen Stoff enthalten sind.

Zwar wird auch das Laktat in der Muskelzelle bis zu einem gewissen Grad neutralisiert, abgebaut und auch über die Blutbahn abtransportiert; wenn aber die Laufgeschwindigkeit oder die körperliche Anstrengung intensiv beibehalten wird, so steigt ab einer gewissen Intensität die Laktatkonzentration im Blut steil an, da der Körper mit dem Laktatabbau gegenüber der Laktatproduktion nicht mehr Schritt halten kann. Wettkämpfe die über eine Streckenlänge von 1.500 m hinausreichen, können deswegen, die natürlichen Grenzen dieses körpereigenen Prozesses der Energiebereitstellung berücksichtigend, nur im verminderten Lauftempo durchgehalten werden. Um professionell auch sehr schnelle Zeiten über eine Distanz von 5000 m oder 10000m laufen zu können, wird der Langstreckenläufer sein Tempo anfangs langsamer als der

Mittelstreckenläufer angehen, um damit die Verbrennung kontrollierter zu beherrschen.

Im Gegensatz zu der anaeroben Energiefreisetzung ist mit Fettsäuren eine derartige Energiebereitstellung unter Sauerstoffmangel nicht möglich. Die in den Fettsäuren gespeicherte Energie ist nur dann für die ATP-Synthese verwendbar, wenn sie vollständig abgebaut wird.

6.1.2 Aerobe Prozesse zur Energiebereitstellung

Beim Joggen und Nordic Walken stellt die aerobe Form der Energiebereitstellung den größten Anteil. Ein Durchbrechen der anaeroben Schwelle bei Wettkämpfen, aber auch bei Sprints im Nordic-Walking Training oder beim schnellen Bergaufgehen, ist als gezielt gesetzter Trainingsreiz jederzeit möglich und sollte auch gezielt in das Training eingebaut werden. Die Energiebereitstellung im aeroben Training kann auf drei Arten erfolgen:

- durch Glykogen-Verbrennung (= Oxidation)
- durch Fettverbrennung und
- bei extremen Dauerbelastungen durch körpereigene Erzeugung von Glykogen durch Eiweißabbau

6.1.2.1 Die aerobe Glykolyse

Bei der aeroben Energiebereitstellung erfolgt der Abbau des Glykogens ($C_6H_{12}O_6$) hingegen vollständig unter Verwendung von Sauerstoff durch die Atmung (O_2) und Ausscheidung von Kohlendioxyd (CO_2), und Wasser (H_2O) über die Atmungskette, ohne dass hierbei das leistungsminimierende Laktat entsteht. Die verallgemeinerte chemische Gleichung für diesen Prozess ist einfach und leicht nachvollziehbar. Unter Verbrauch von 6 Sauerstoffmolekülen verbrennt ein Molekül Glukose zu je sechs Molekülen Kohlendioxyd und Wasser und 36 ATP.

$C_6H_{12}O_6$ (Glukose) + $6\ O_2$ ⟶ $6\ CO_2 + 6\ H_2O + 36$ ATP

Bei der Glykogen-Verbrennung wird die aus Glykogen erzeugte Glukose (Traubenzucker) unter Verwendung von Sauerstoff zur ATP-Herstellung und damit zur Energieerzeugung verwendet. Obwohl dieser Prozess das Glykogen ca. dreizehnmal besser ausnützt als die unter Sauerstoffschuld ablaufende anaerobe Glykolyse, funktioniert er wesentlich langsamer als letztere, so dass sie nur mittlere sportliche Intensitätsgrade ermöglicht. Dafür kann die Glykogen-Verbrennung je nach Trainingszustand und Speicherinhalt bis ca. zwei Stunden ablaufen bis die Glykogenspeicher im Körper geleert und erst wieder über die Ernährung durch Kohlenhydrataufnahme aufgefüllt werden.

Der für die Glykogen-Verbrennung benötigte Sauerstoff wird durch Atmung und Kreislauf in die Muskelzelle gebracht. Zu Beginn einer sportlichen Betätigung, z.B. bei schnellem Walking kann das Kreislaufsystem jedoch nicht sofort den schlagartig gestiegenen Sauerstoffbedarf der am Walking beteiligten Muskulatur abdecken, es tritt eine Sauerstoffschuld ein, die nach Rücknahme des Tempos durch vermehrte Atmung nach und nach reduziert wird. Erst ca. zwei bis vier Minuten nach Beginn der sportlichen Tätigkeit tritt ein Gleichgewicht zwischen Sauerstoffaufnahme und -verbrauch ein, welches bei mittlerem Tempo erhalten bleibt; der Walker trainiert dann im aeroben Bereich (Sauerstoff-steady-state).

6.1.2.2. Energiebereitstellung durch Fettverbrennung

Wenn der körpereigene Glykogenvorrat nahezu aufgebraucht ist und/oder wenn mit niedriger Intensität (Tempo) gewalkt bzw. Sport betrieben wird, so bestreitet der Körper den Großteil seiner Energiebereitstellung und der ATP-Erzeugung über die Verbrennung von Fettsäuren. Fett ist auch im mageren menschlichen Körper in einer Menge von mehreren Kilo gespeichert und stellt damit für Ausdauer- und Laufleistungen niedriger Intensität ein Energiereservoir dar, welches leicht für mehrere Stunden (in Extremfällen bis zu Tagen) reichen kann; zudem hat Fett einen fast dreifach so hohen Kaloriengehalt wie z. B. Zucker oder Eiweiß.

Allerdings verläuft die Fettverbrennung noch langsamer als die Glykogen Verbrennung und benötigt auch mehr Sauerstoff. Wenn man einmal die chemischen Gleichungen der Fettverbrennung und die der Glykogen Verbrennung miteinander vergleicht, fällt sofort der fast vierfache Bedarf an Sauerstoff auf, der für die Energiegewinnung aus Fett benötigt wird. Anstatt sechs Einheiten (Moleküle) bei der Verbrennung von Glukose werden bei der Fettverbrennung 23 Moleküle benötigt – und dass diese nicht unter Sauerstoffschuld und schnellem Tempo bereitgestellt werden können, ist für jedem – auch ohne Chemiekenntnisse – unmittelbar einleuchtend.

$$C_{16}H_{32}O_2 + 23\ O_2 \longrightarrow 16\ CO_2 + 16\ H_2O + 130\ ATP$$

(Fettsäure) + (Sauerstoff) liefert (Kohlendioxyd) + Wasser + Energie

Es ein besonderes Merkmal der Fettverbrennung, dass dieser Weg der Energiebereitstellung unter Sauerstoffmangel nicht möglich ist. Die in den Fettsäuren gespeicherte Energie ist nur dann für die ATP-Synthese verwendbar, wenn sie vollständig abgebaut wird. Bei ausschließlicher Fettverbrennung gibt es demzufolge keine Sauerstoffschuld, weil das Tempo zu langsam ist, um dabei in Atemnot zu gelangen.

Nicht die Strecke sondern das Tempo tötet

Erstaunlich ist die Leistungsfähigkeit des menschlichen Körpers. Es werden Wettbewerbe gelaufen, wie z. B. der jährlich stattfindende „Spartathlon", ein 245 km langer Lauf von Athen nach Sparta mit einem Zeitlimit von 36 h. Eine Mammutleistung ist sicher die Bewältigung des Mount Blanc Trails, der die Umrundung des Massivs vorsieht, wobei 170 km mit 10.000 hm zurückgelegt werden müssen. Die Liste von Veranstaltungen mit unglaublichen Distanzen, die auch im unwegsamsten Gelände über Tage hinweg zurückgelegt werden, wird von Jahr zu Jahr länger. Diese Leistungen gelingen letztendlich nur dadurch, dass der Mensch in der Lage ist körpereigenes Glykogen aus vorhanden Fettreserven zu gewinnen. So kann, auch wenn das Glykogen vollständig in der Bewegung aufgebraucht ist und der lange Lauf oder Walk trotzdem fortgesetzt wird eine extrem lange Dauerleistung abgerufen werden. Mehr als bei kurzen Strecken gilt hier die Regel: *Nicht die Strecke, sondern das Tempo tötet.*

In ihrer Gesamtheit greifen die Energiespeicher beim Menschen ineinander und ergänzen sich. Der große Vorrat an aerober Energie wird nur langsam von Körper produziert und in der Anstrengung verbraucht. Für den Fall des Bedarfes an höheren Energiemengen durch höhere Intensität wird auf den anaerob laktaziden Speicher zurückgegriffen. Dieser Rückgriff auf die anaerob ablaufenden Reaktionen, die sich enorm schnell nach wenigen Sekunden erschöpfen, verbraucht mit einem sehr hohen Energiebedarf das Kreatinphosphat. Dennoch sinkt auch bei intensiven und lang andauernden Belastungen die ATP-Konzentration nicht ab, weil die verschiedenen Stoffwechselspeicher und damit verbundenen Stoffwechselprozesse immer genügend ATP herstellen können.

Die Stoffwechselprozesse, die nun im Einzelnen mehr oder weniger aktiv zusammenwirken, werden grundsätzlich beeinflusst durch die zeitliche Dauer und die Streckenlänge, sowie durch den Intensitätsgrad der Anstrengung. Der Mensch verfügt über ein ideales körpereigenes Kraftwerk, so dass bei längeren Belastungen immer auch alle drei Prozesse der Energielieferung beteiligt sind. Ausdauer und Kraftschnelligkeit waren für die Anthropogenese ein entscheidender Überlebensvorteil.

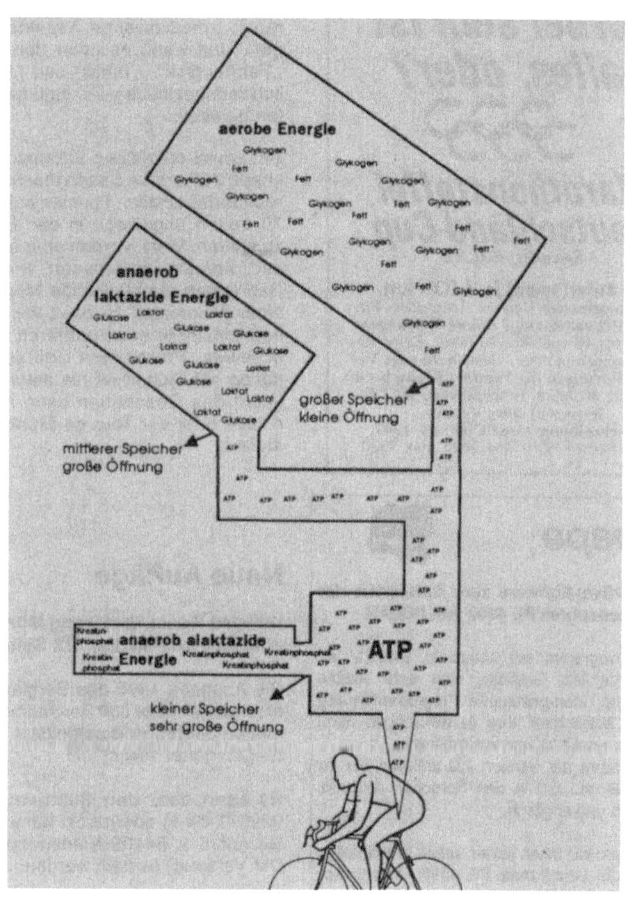

Abb.7: Die Energiespeicher des Menschen, aus: Spiridon 4, 1966, S. 25

Der große Vorrat an aerober Energie wird - symbolisiert durch den geringen Querschnitt - nur langsam bereitgestellt. Wenn schnell große Energiemengen – wie beim Tempolauf – benötigt werden wird auf den anaeroben laktaziden Speicher (großer Querschnitt) zurückgegriffen, der allerdings schnell geleert wird. Sehr kurze und intensive Belastungen verbrauchen Kreatinphosphat. Letztlich entstehen bei allen drei Beanspruchungsformen ATP, das zur Muskelkontraktion in ADP aufgespalten wird. Die Speicher füllen unmittelbar den ATP-Pool wieder auf.

Wie man sieht, steht das ATP deshalb immer am Ende der Energiebereitstellungskette und löst die erforderliche oder benötigte Muskelkontraktion und damit auch die Bewegung aus. Ohne die ständige Bereitstellung von ATP im Körper wäre keine Bewegung möglich. ATP entsteht jedoch nicht aus dem Nichts heraus, sondern wird aus dem völligen Abbau der Brennstoffe Glucose und Fett freigesetzt. Nur so ist es zu verstehen, dass ATP am Ende der Energiebereitstellung steht. Während sich die anaeroben Energiespeicher bei intensiven Belastungen leeren können, geht des ATP nie aus, weil es durch verschiedene Stoffwechselprozesse ständig resynthetisiert werden kann.

In der nachfolgenden Tabelle finden sich die verschiedenen Prozesse der Energieerzeugung für die Bewegung der Skelettmuskulatur mit ihren typischen Eigenschaften und Folgen zusammengefasst. Die alles entscheidende Variable dabei ist die Fähigkeit des Sportlers, Sauerstoff über die Lunge und über die Blutbahn der Muskulatur zur Verfügung zu stellen. Ab welchem Belastungsgrad die Energiebereitstellung vom anaeroben auf den aeroben Weg hochschaltet, ist relativ abhängig vom Sauerstoffvolumen, das aufgenommen werden kann. Erfolgreiches Training zeichnet sich also dadurch aus, dass es dem Sportler im Verlauf einer definierten Trainingsphase gelingt, sich von einer niedrigen Intensitätsstufe auf das nächst höhere Niveau zu steigern, damit vermag er auch das gewählte Tempo länger durchzuhalten ohne zu ermüden.

Prozess	ATP-Abbau	Kreatin-phosphat Abbau	Anaerobe Glykolyse	Verbrennung von Glyko-gen	Fettver-brennung
Funktion	Energie-Erzeugung	Herstellung von ATP			
Intensität der Muskel-leistung	maximal		sehr hoch	mittel	niedrig
Dauer	max. 2 Sek.	8 – 20 Sek.	max. 2 Min.	1 - 1,5 Std.	mehrere Stunden bis Tage
typische Sportart	100m Lauf 200m Lauf		400 m Lauf	5000m	Marathon
Prozess kommt zum Stillstand durch	Leeren der Speicher		Eigenhem-mung durch Anhäufung von Milchsäure	Leeren der Speicher	kommt praktisch nicht vor
aerob/ anaerob	anaerob			aerob	
Nebenpro-dukte	ADP + P	Kreatin	Milchsäure	Wasser und Kohlensäure	
Speicherort	Muskelzelle			Muskelzelle, Leber	Muskel-zelle, Fett-gewebe
Regenerati-on	sofort	3 – 5 Min.	Abbau der Milchsäure bis ca. 3 Std.	Nach Auffül-len der Speicher durch kohle-hydratreiche Nahrungsauf-nahme	Nach Auf-füllen der Speicher durch Nah-rung

Tabelle 16: Prozesse der Energiebereitstellung beim Sport

Obwohl es unterschiedliche Formen der Ausdauer gibt, wie die Schnelligkeitsausdauer, die Mittel- und Langzeitausdauer und die Kraftausdauer, so liegt doch jeder Form des Ausdauertrainings der gleiche Mechanismus zugrunde. Durch das Training werden das Herz-Kreislauf-System sowie der gesamte Organismus und der gesamte Muskel- und Skelettapparat so gestärkt, dass es ohne Ermüdung möglich ist, die Belastung länger aushalten zu können. Ausdauer ist somit eine durch Training erworbene Fähigkeit, einer zu raschen Ermüdung entgegenzuwirken. Ausdauer ist also als Ermüdungswiderstandsfähigkeit zu definieren.

6.2 Herzfrequenz und Trainingsbereiche

Je ausdauertrainierter nun ein Sportler ist, mit einem umso höheren Prozentsatz seiner maximalen Sauerstoffaufnahmefähigkeit kann er walken oder laufen, ohne dass die Energiebereitstellung auf die anaerobe Verbrennung von Glykolyse umstellen muss, was zur Leistungsminderung durch Ansteigen des Laktatspiegels führen würde. Da man das Ansteigen des Laktatspiegels während des Ausdauertrainings vermeiden möchte und der Laktatspiegel auf das engste mit der Pulsfrequenz verbunden ist, ist es naheliegend, die Pulsfrequenz während des Trainings zu beobachten und dadurch seine Trainingsbereiche zu steuern. Dabei gibt es eine Obergrenze, den Maximalpuls. Das ist der schnellste Herzschlag, der unter Belastung erreicht werden kann.

Da der Maximalpuls mit zunehmendem Lebensalter geringer wird, lässt er sich hilfsweise und in bewährter Weise nach der einfachen Formel

Maximalpuls = 220 - Lebensalter

berechnen.

Die Pulsspanne des optimalen Trainingspulses liegt deutlich darunter und ist ideal für das Konditionstraining. Die nachfolgende Tabelle gibt Anhaltspunkte für Belastungsstufen im sportlichen Training und die damit verbundenen Effekte. In der ersten Spalte sind die Pulsbereiche für einen 60jährigen Freizeitsportler mit einem angenommenen Maximalpuls von 160 Schlägen eingetragen. Zum allgemeinen Verständnis für die Unterscheidung der beiden Trainingsbereiche ist die Unterscheidung in ein Grundlagenausdauertraining 1 **(GA1)** und ein Grundlagenausdauertraining 2 **(GA 2)** üblich.

Belastungs-puls	Pulsfrequenz in % des Maximalpulses	Kurzbezeichnung	Trainingsbereiche
80 - 96	50 – 60% KO	Herz-und Gesundheitszone Regenerationsbereich	In diesem Bereich wird das Herz-Kreislauf-System gestärkt. Die Zone ist ideal geeignet für Anfänger.
96 – 112	60 – 70% GA 1 Training	Fettverbrennungszone	Hier verbrennt der Körper die meisten Kalorien aus Fett. Das Herz-Kreislauf-System wird trainiert und die Fitness verbessert.
112 - 128	70 – 80% GA1 /GA2 Übergangsbereich	Aerobe Zone = Fitnesszone	In dieser Zone verbessern sich Atmung und Kreislauf. Optimal zur Steigerung der Ausdauer! (aerobes Training)
128 - 144	80 – 90% GA2 Training	Anaerobe Schwellenzone	Im anaeroben Bereich kann der Körper den Sauerstoffbedarf nicht mehr decken. Leistungssportler trainieren hier kurzfristig um einen maximalen Leistungszuwachs zu erzielen
144 - 160	90 – 100%	Rote Zone	Gefahr für Freizeitsportler. Annäherung an die maximale Herzfrequenz ist eine Gefahr für das Herz.

Tabelle 17: Bestimmung der Trainingsbereiche nach Pulsfrequenz am Beispiel eines Sportlers mit einem Maximalpuls von 160

Der Grundlagenbereich 1 **(GA1)** dient zur Verbesserung der aeroben Leistungsfähigkeit. Die Energie zur Muskelkontraktion kommt überwiegend aus dem aeroben Bereich und die Herzfrequenz liegt im Bereich zwischen 60% bis 80% der maximal möglichen Herzfrequenz. Der Grundlagenbereich 2 **(GA2)** liegt im Bereich von 80% bis 95% der maximalen Herzfrequenz und verfolgt das Ziel einer Verbesserung der anaeroben Leistungsfähigkeit. Schließlich gibt es noch den Regenerationsbereich, der bei 50 – 65% der maximalen Herzfrequenz liegt und Erholung nach Belastung dient.

7. Trainingsmethoden und Trainingsinhalte im Lauf- und Nordic Walking Ausdauertraining

Nach den allgemeinen Grundlagen und Prinzipien des Trainings beginnt nun der praktische Teil. Einerseits soll das Training abwechselnd sein, um Ermüdung vorzubeugen, aber es sollen auch Tempo und Ausdauer gefördert werden und ein Wechsel von Belastung und Erholung stattfinden; auch dürfen weder Untergrenzen der Belastung unterschritten noch Obergrenzen überschritten werden.

Damit alle wichtigen Prinzipien ausreichend berücksichtigt werden, um Trainingsziele ökonomisch zu erreichen und eine Leistungssteigerung zu ermöglichen, ist das Training genau zu planen. Dazu steht eine Auswahl verschiedener Trainingsmethoden zur Verfügung, die den stoffwechselspezifischen Anforderungen genügen. Im Wesentlichen unterscheiden sie sich durch die unterschiedliche Gewichtung von Intensität, Umfang und Dichte der Trainingsübungen. Von grundsätzlicher Bedeutung sind dabei die Dauermethoden, die Intervallmethoden und Wiederholungsmethoden und - zur tempomäßigen Heranführung an Wettkämpfe - die Wettkampfmethode. Jede der Methoden kann in der Feinsteuerung bei der Festlegung einzelner Trainingseinheiten nach Dauer, Intensität und Umfang variiert werden.

Der Unterschied zwischen Lauf und Nordic Walking liegt allein in der Technik und im Tempo und nicht in der Trainingsmethode und dem Belastungsgrad

Alle anderen Formen, Varianten und Kombinationen lassen sich in diesem Rahmen ansiedeln. Die Einteilung kann je nach Dauer und Tempo bei den Trainingsinhalten beliebig ergänzt werden. Die Übergänge können fließend sein und ineinander übergehen.

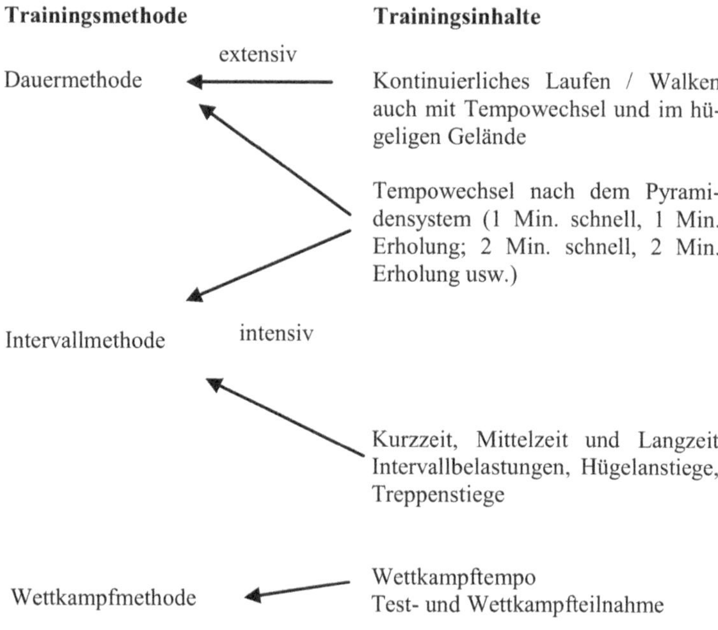

Abb.8 : Einteilung der Ausdauertrainingsmethoden

7.1 Die Dauermethoden

Bei der Dauermethode handelt es sich stets um längere Belastungen, die nicht durch Pausen unterbrochen werden. Bei der Dauermethode steht die Verbesserung der aeroben Kapazität im Vordergrund. Je nach Umfang und Intensität wird deshalb zwischen einer **extensiven** und einer **intensiven** Dauermethode unterschieden.

Läufer, die überwiegend mit hohen Trainingsumfängen und relativ niedrigen Intensitäten, also **extensiv** trainieren, vollziehen besondere Anpassungen im Fettstoffwechsel, weniger hingegen im des Glucosestoffwechsel.

Ein derartiges Training ist deshalb zum Aufbau der Grundlagenausdauer (GA1) und beim Training für lange Wettkampfstrecken sehr geeignet (wie z.B. Marathon, Halbmarathon und Nordic Walking Halbmarathon), da hierbei ein wesentlicher Teil der Energie über den Fettumsatz gewonnen wird.

> Die Grundlagenausdauer GA 1 ist die Basis, auf der die intensiveren Formen der Ausdauer entwickelt werden. Fehlt diese Grundlagenausdauer, dann ist jedes intensive Training zum Scheitern verurteilt, denn dieses Training wäre auf Sand gebaut, weil die stabile Ausdauergrundlage fehlt!

Die Vorteile einer extensiven Dauermethode liegen in der Optimierung der Fettverbrennung.

Vorteile der Dauermethode

1. Je besser die Fettverbrennung - sie liefert in Ruhe und bei submaximalen Belastungen große Mengen an ATP - desto besser die Prozesse der Wiederherstellung der energiereichen Phosphate, die für kurzfristige, explosive Aktionen entscheidend sind.
2. Je besser die Regenerationsfähigkeit, desto schneller die Eliminierung von Ermüdungsstoffen im Muskel und im ZNS.
3. Je besser die aerobe Ausdauerleistungsfähigkeit, desto mehr kann die Fettverbrennung auch bei höheren Intensitäten noch zur Energiegewinnung herangezogen werden.
4. Je besser die aerobe Ausdauer, desto mehr können die Kohlehydrate, die für intensive Laufeinsätze verantwortlich sind, geschont werden.
5. Je besser die aerobe Ausdauer, desto niedriger ist der Ruhepuls und desto größer ist die Auslenkungsbreite zwischen Ruhepuls und anaerober Schwelle.
6. Laufen auf langen Strecken in langsamem Tempo fördert die Schnelligkeit für jede Strecke.

GA 2 – Tempotraining, aber mit Maß

Das Grundlagenausdauertraining und nicht das Tempotraining ist die Basis für jede Ausdauerleistung. Um der Monotonie durch zu lange Läufe vorzubeugen und Abwechslung in das Training zu bringen ist auch ein wenig Spiel mit dem Tempo wünschenswert und sinnvoll, und zu dem spielerischen Element wird in dem Buch auch ausdrücklich angeraten. Gleichzeitig gilt aber die Warnung vor Übertreibung des Tempotrainings.

Die Stärke bei älteren Läufern liegt in der Ausdauer und nicht bei Kraft und Tempo. Im Zweifel zwischen mehr Tempo oder längeren Strecken ist der Streckenlänge eindeutig den Vorzug zu geben.

Als ein gutes Gegenargument zu den Tempoeinheiten an der anaeroben Schwelle und Sauerstoffschuld, zu denen in vielen Laufbüchern angehalten wird, ziehe ich gerne das Beispiel der DLV Eliteläufer aus den 60er und 70er Jahren heran. Einer davon war Harald Norpoth. Er gewann bei den olympischen Spielen 1964 in Tokio die Silbermedaille im 5000m Lauf und kam im Training fast ohne Tempotraining aus. Für Harald Norpoth galt in seinem Training ein Verhältnis von Ausdauer zu Schnelligkeit von 20 : 1 (Van Aaken, 1998). Was ihm zu den glänzenden Leistungen verhalf, war seine Grundschnelligkeit mit 11,6sec über 100 m, die man durch Training nicht wesentlich verbessern kann, und seine enorme Ausdauerleistungsfähigkeit. Van Aaken, der bis in die 70er Jahre fast alle Topathlethen auf der Mittel- und Langstrecke trainiert hatte und als Begründer des Waldnieler Ausdauertrainings gilt, empfahl sogar „prinzipiell die Herabsetzung der Tempoläufe auf ein- oder zwei Tempoläufe monatlich, nur in der unmittelbaren Wettkampfvorbereitung wöchentlich“ (Van Aaken 1998, S.27).

Bei Harald Norpoth kam physiologisch alles zusammen, was ihn zu einem hervorragenden Langstreckenathleten gemacht hat: seine Körpergröße mit 1,85 und dazu geringes Gewicht von 60kg sowie seine Grundschnelligkeit, die es ihm spielerisch möglich machte, mit Puls 130 langsam zu laufen und dabei viel schneller zu sein als nahezu alle Freizeitläufer, wenn sie schnell liefen.

Mit anderen Worten: Harald Norpoth wurde nicht Silbermedaillengewinner wegen eines hohen Anteils an Tempoläufe in seinem Training. Vielmehr war seine Ausdauer so gut trainiert, dass es ihm möglich war, im Wettkampf solange wie möglich bei einer hohen Dauergrundschnelligkeit zu laufen und die Temporeserven für einen schnellen Endspurt aufzusparen.

Ausdauertraining zu Tempotraining im Verhältnis 20 : 1

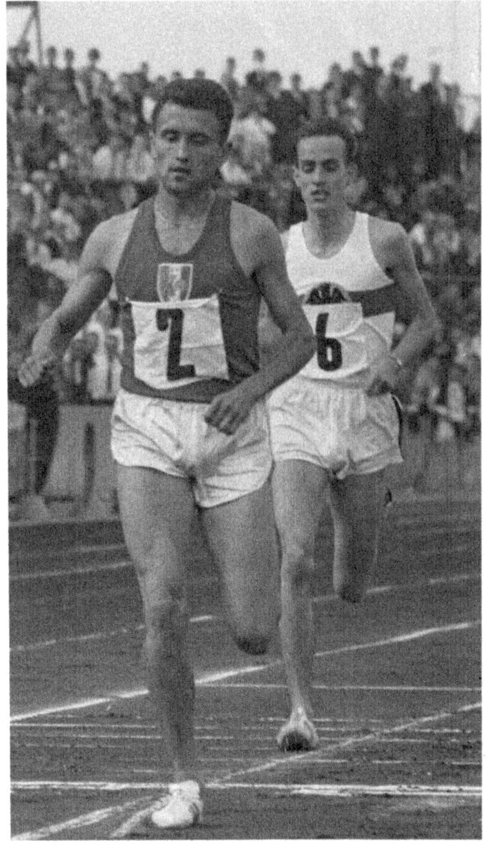

Abb: 9:Harald Norpoth (rechts) während eines Wettkampfes 1963. https://de.wikipedia.org/wiki/Harald_Norpoth

Für den älteren Läufer gilt der Rat, nicht mit dem Tempotraining zu übertreiben, und schon gar nicht in einer Woche sowohl Streckenlänge und Tempo gleichzeitig zu erhöhen. Wem es egal ist, bei einem Volkslauf als 738er oder als 820er ins Ziel zu kommen, der kann sein Tempo nach Lust und Laune im Training variieren, und es würde ihm auch nicht schaden zugunsten des reinen Ausdauertrainings ganz auf Tempoläufe zu verzichten. Wer hingegen in der Altersklasse in die vorderen Wertungsplätze gelangen möchte, wird hingegen ohne Tempoläufe nicht auskommen, zumindest in der unmittelbaren Vorbereitungsphase – aber auch bei diesen Läufern gilt die Begrenzung im Verhältnis von 20 : 1. Bei 50km pro Woche sind das immerhin 2,5 km, die im Bereich der anaeroben Schwelle trainiert werden dürfen.

7.3 Einfach in das Ausdauertraining zu integrieren: die Fahrtspielmethode

Abwechslung mit Fartleg

Die **Fahrtspielmethode** ist eine besondere Form der Dauermethode. Hierbei wird mit wechselnden Geschwindigkeiten auf verschieden langen Streckenabschnitten ohne Pause trainiert. Für bestimmte Teilstrecken oder Zeitabschnitte wird das Tempo, und damit auch die Herzfrequenzen, variiert. Viele Sportler planen das Training bei der Fahrtspielmethode nicht voraus. Sie passen die Belastungen ihrem subjektiven Empfinden und dem Streckenprofil an. Beim Trailrunning und Trailwalking ist sie die übliche Form des Trainings, weil sich gerade Strecken, hügelige Anstiege und abschüssige Streckenteile, unterschiedliche Geländeformen, Straßen und Wegprofile einander abwechseln. Methodisch wird das Training als ein „Spiel mit der Geschwindigkeit" (Schwedisch: fartleg) ausgeübt.

Bei der **intensiven Dauermethode** wird im Bereich des annähernden Wettkampftempos gelaufen oder gewalkt. Die Pulsfrequenz sollte maximal so hoch sein, dass ein Laktatwert von höchstens 2,4mmol/l erreicht wird, was einer Belastungsherzfrequenz von etwa 80 - 85% entspricht.

7.4 Intervall- und Wiederholungsmethoden

Das charakteristische Merkmal für die Intervalltrainingsmethode ist das Prinzip der lohnenden Pause. Die Länge der lohnenden Pause schwankt nach Länge der Strecke bzw. Belastung und dem Trainingszustand zwischen 30 sec und maximal fünf Minuten, denn nach längeren Pausen geht der Effekt des Intervalltrainings verloren. Wenn andererseits aber die Pause zu kurz ist, denn steigt der Laktatspiegel immer mehr an und man wird von Wiederholung zu Wiederholung und von Runde zu Runde langsamer. Im Grunde ist das dann auch kein Intervalltraining mehr, sondern ist eher einem erschöpfenden Training mit langer Erholungszeit gleich zu setzen.

Die aktive Pause

Beim Intervalltraining sind die Streckenlängen kürzer als bei der Wiederholungsmethode, dafür die Anzahl der Intervalle höher. Grundsätzlich gilt aber schon, dass die Pause umso kürzer sein darf, je besser der Trainingszustand und je kürzer die Tempostrecke ist. Desgleichen sollte die Pause "aktiv" gestaltet werden; das heißt, nicht stehen zu bleiben sondern stark intensitätserniedrigtes langsames Weitergehen oder Traben nach Absolvierung der charakteristischen Tempointervalle. Die aktive Pause hat den Vorteil, dass durch die dabei aktivierte Muskelpumpe die notwendige Blutmenge aus der Arbeitsmuskulatur zum Herzen zurückgepumpt wird. Bei einer Pause, die stehend verbracht werden würde, käme es zu einem Versacken des Blutes in die geweiteten Gefäße der unteren Extremitäten mit der Folge von Schwindel und Kreislaufproblemen. Das genau ist übrigens auch der Grund dafür, dass nach einem intensiven Mittelstreckenlauf und nach Atemnot im Ziel die Läufer häufig mit unwillkürlich nach unten gebeugten Oberkörper stehen bleiben, damit das Blut nicht nach unten sackt und das Gehirn weiter mit genügend Blut versorgt ist.

Ein Intervalltraining könnte als Trainingseinheit so gestaltet werden: Nach dem Eingehen und Aufwärmen folgt das eigentliche Trainingsintervall mit 5 x 400 m in jeweils 2:12 Minuten - entspricht einem Tempo von 6,00min / 1000m - mit je 5 Minuten Lauf im regenerativen Bereich oder für Nordic Walker 5 x 400m in jeweils 3 Minuten, was einem Tempo von 8 Minuten je km entspricht.

Ich selbst wähle z.B. im Vorbereitungstraining auf einen Traillauf oder den Vertical Up in Kitzbühel schnelle Anstiege an einer Brückenrampe mit 150m Länge und einem 12% Anstieg bei 10 Wiederholungen. Der Rückweg runter wird extrem gemächlich zurückgelegt, um danach erholt und mit hohem Tempo wieder hoch zu gehen.

Der hauptsächliche Unterschied zwischen der extensiven Dauermethode und der intensiven Intervallmethode ist das Tempo und damit ein Ansprechen der unterschiedlichen Stoffwechselbereiche. Bei einer Belastungsdauer von etwa ein bis vier Minuten und hoher Belastungsintensität kommt es zu einer verstärkten Energiebereitstellung über die Glykolyse und damit zu einer ausgeprägten Verbesserung der anaeroben Kapazität. Bei länger dauernden Intervallen fällt die Intensität zwangsläufig etwas ab und damit auch der Anteil der anaeroben Energiegewinnung. Im Vordergrund steht somit zunehmend die Verbesserung der aeroben Kapazität im Grenzbereich.

Intervall-training in der Gruppe

Im intensiven Intervalltraining verbirgt sich aber eine Gefahr, vor allem wenn in der Gruppe gejoggt oder gewalkt wird. Schon beim ersten Intervall über 400m reißt durch das unterschiedliche Tempo häufig die Gruppe auseinander und die Schnelleren gewinnen rasch an Vorsprung. Wenn nach Beendigung des Intervalls die um 30m Meter zurückgebliebenen

Läufer oder Walker versuchen den Anschluss an den vorderen Teil der Gruppe wieder herzustellen, müssen sie in einem schnelleren Tempo, das eigentlich der Erholung dienen sollte, weiterlaufen. Die Folge davon ist, dass sie beim 2. Intervall weniger erholt sind als die Schnelleren in ihrer Gruppe und der Abstand zwischen ihnen von Intervall zu Intervall größer wird.

Deshalb ist es zweckmäßig beim Intervalltraining zum Beispiel einen Rundkurs in einem Park oder in einer Sportanlage zu wählen, wo jeder sein eigenes Tempo wählen kann und man sich nach Abschluss der Intervalle wieder trifft und gemeinsam das Training fortsetzt. Auf offener Strecke sollte es zur Regel werden, dass die vordere Gruppe nach Beendigung ihres Intervalls umdreht und zu den Langsameren zurücktrabt, um dann gemeinsam im gewohnten Erholungstempo weiter zu laufen oder zu walken.

Bei Älteren sind 30 - 45 Sekunden-Tempoläufe ausreichend

Eine originelle Methode um auf einen hohen Gesamtumfang in schnellem Tempo zurückgelegter Intervalle zu kommen, hat Jack Daniels (1998; 2009) ausgetüftelt und empfahl seinen Läufern zur Vorbereitung auf die amerikanischen Collegemeisterschaft sehr viele Tempoläufe von nur einer Minute Dauer in ihr 14-tägiges Trainingsprogramm aufzunehmen. Das Konzept lässt sich übertragen, indem man zum Beispiel dreißig schnelle 30 bis 45 Sekunden dauernde Steigerungsläufe mit anschließend ruhigem Weiterlaufen in die nächsten 5 bis 10 Trainingseinheiten einbaut. Dadurch wird immer wieder die anaerobe Energiebereitstellung stimuliert und eine übermäßige Ermüdung vermieden, da eine hohe Belastung von maximal einminütiger Dauer natürlich viel leichter weggesteckt werden kann, als wenn man dasselbe Tempo über einen Kilometer auf gleichem Niveau durchhalten müsste. Auch der psychologische Effekt der Unlustvermeidung ist nicht zu unterschätzen und so werden solche kleinen Temporeize auch in der Gruppe gerne angenommen.

Die **Wiederholungsmethode** beinhaltet das mehrmalige Absolvieren einer gewählten Strecke, die nach einer jeweils vollständigen Erholung noch ein weiteres Mal mit möglich hoher Geschwindigkeit gelaufen oder gewalkt wird. Aufgrund der hohen Intensität ist nur eine geringe Wiederholungszahl möglich, 2 – 3 Wiederholungen sind für ältere Läufer dabei absolut ausreichend. Bei der Wiederholungsmethode kommt es im Vergleich zur Intervallmethode auf die vollständige Erholung zwischen den einzelnen Belastungsphasen an, Atmung, Herz-Kreislauf und Stoffwechsel sollten zu ihrer Ausgangslage zurückgekehrt sein.

Charakteristisch für die Widerholungsmethode im Vergleich zur Intervallmethode sind die längeren Streckenabschnitte, die vollständige Erholung und die geringere Anzahl der Wiederholungen.

Erholung bei Tempoläufen

Welche Pausenlänge dem Anspruch einer "vollständigen Pause" genügt, lässt sich nicht genau angeben, da das Pausenintervall abhängig von der jeweiligen Belastung bzw. Vorbelastung und der individuellen Erholungsfähigkeit und dem Alter ist. Wichtig aber ist, dass die Pause lange genug sein muss und im Zweifelsfall lieber zu lange als zu kurz. Ist die Pause zu kurz, dann nimmt die Belastung von Abschnitt zu Abschnitt immer mehr zu, die Technik wird von Mal zu Mal schlechter und das Trainingsziel ist verfehlt. Umgekehrt kann man bei zu langen Pausen nur den Fehler machen, auszukühlen und zu versteifen oder zu sehr unter Zeitdruck zu geraten.

Bei der Wiederholungsmethode kehren aufgrund der **vollständigen Erholung** zwischen den einzelnen Belastungen alle Leistungsparameter aus dem Bereich des Atmungs-, Herz-Kreislauf- und Stoffwechselsystems in die Ausgangslage zurück. Bei jeder weiteren Belastung kommt es zu einem neuerlichen Durchlaufen sämtlicher regulativer Steuerungsprozesse.

Aus diesem Grunde schult die Wiederholungsmethode in ausgeprägtem Maße das reibungslose Ineinandergreifen aller leistungsbestimmenden physiologischen Regulationsmechanismen. Nebenbei kommt es aufgrund der hohen Bewegungsfrequenzen auch zu einer Optimierung der muskulären Koordination mit einem Minimum an unnötigen Bewegungen.

Beispiele von Wiederholungen können eine Rundstrecke um einen See oder in einem Park sein, die je nach Größe ganz umrundet oder in Teilabschnitte zerlegt werden kann.

8. Die Jahrestrainingsplanung

8.1. Die Jahresperiodisierung im Gesundheitssport

Im Allgemeinen ist jeder Trainingsprozess auf Langfristigkeit angelegt. Eine gute sportliche Leistungsfähigkeit ist nur über einen längeren Zeitraum erreichbar, weil immer mehrere Faktoren daran beteiligt sind. Das gilt für den Gesundheitssport, bei dem es nicht auf Wettkampfteilnahme ankommt, genauso wie für das Marathontraining oder Power Nordic Walking. Die Notwendigkeit einer längerfristigen Trainingsplanung ist auch deshalb sinnvoll, weil man so zu einer konstanten, vorhersehbaren, kontrollierten und optimierten Leistungssteigerung kommen kann. Ein weiterer Aspekt für die zyklische Trainingsplanung ist, dass das Training ernst genommen wird und sich durch den Wechsel der Trainingsmethoden und Trainingsmittel keine Monotonie einschleicht. Ein Trainingsplan dient aber auch der optimalen und übersichtlichen Gestaltung des Trainings.

Auch für Einsteiger geeignet

Das optimale Training im Bereich des Gesundheitssports umfasst eine Belastung von etwa 3 – 4 Stunden pro Woche mit wöchentlichen Umfängen von 25 km bei den Nordic Walkern und 35 km bei den Läufern. Mit diesem wöchentlichen Umfang wird niemand überfordert und bekommt dann vielleicht bald Lust auf mehr.

Eine eingehendere Analyse des Wochenzyklus ist nicht nötig, weil keine wechselnden Belastungen platziert werden, die gegeneinander abzuwägen wären. Außerdem liegt die Intensität, wenn überhaupt, nicht weit oberhalb der aeroben Schwelle, und die Regenerationszeiten sind sehr kurz. Bei einem noch untrainierten Anfänger sollte das Training die aerobe Schwelle nur geringfügig überschreiten und unter Einbeziehung von Pausen aufgebaut werden; die Pausen werden mit zunehmender Dauer des Trainingsprozesses schrittweise reduziert.

Auch im Gesundheitssport ist eine Variation und Steigerung des Trainingsumfangs möglich und auch sinnvoll, um eine Verbesserung zu erreichen oder den erreichten Firnessgrad aufrecht zu erhalten. Wie ein Jahrestrainingsplan im Gesundheitssport mit der Teilnahme an zwei Volksläufen über 6 km im April und 10 km im Oktober aussehen könnte, ist in Tabelle 19 skizziert. Auch für Nordic Walker existiert inzwischen ein sehr umfangreiches Angebot an Nordic Walking Strecken, die im Rahmen von Volksläufen angeboten werden.

Jeder Läufer und Nordic Walker, der schon über das Einsteigerstadium hinausgekommen ist, wird die beschriebenen Trainingsstunden mühelos schaffen und sich dabei steigern und verbessern, denn auch schon bei diesem einfachen Plan, bei dem noch keine zyklischen Bestandteile innerhalb der drei Stufen enthalten sind, nimmt der Trainingsaufwand von Phase zu Phase zu. Mit der Teilnahme an dem 10km Volkslauf im Oktober ist das Trainingsziel erreicht, und es folgen die Monate November und Dezember, in denen es ruhig angegangen werden kann und die auch der Regeneration dienen sollen.

Im Winter wird durch allmähliche Verlängerung der Lauf- und Gehzeiten wieder die Grundlagenausdauer verbessert. Zur Variation und Trainingsabwechslung kann auch einmal ein Skilanglauf oder ein Geländegang mit Schneeschuhen als Training verbucht werden.

	Mo	Di	Mi	Do	Fr	Sa	So
I	10 Min. Lockerung, Einlaufen 45 Min. Ausdauer	-	10 Min. Lockerung, Einlaufen 45 Min. Ausdauer	-		10 Min. Lockerung, Einlaufen 60 Min Ausdauer	-
II	10Min. Einlaufen 60 Min Ausdauer	-	10 Min Einlaufen 60 Min Ausdauer	-	Fitness-studio Kräftigung / Sauna	90 – 120 Min Ausdauer	-
III	10 Min. Einlaufen 60 Min Ausdauer	-	5 Min Einlaufen 70 Min Ausdauer mit 3 schnelleren Einheiten von je 500 m	-	Kräftigung alternativ 1 - 2 Std. Radfahren	2 Stunden Ausdauer	-

Tabelle 18: Jahrestrainingsplan im Gesundheitssport

Legende:
I = November – Dezember (Regenerationsphase)
II = Januar – April (Aufbauphase)
III = Mai – Oktober (Höhepunkt mit Teilnehme an 1-2 NW Wettbewerben)

In der dritten Phase wird nochmals die Grundlagenausdauer mit dem 2-Stunden Lauf oder Walk verbessert und zusätzlich auch Wert darauf gelegt ein schnelleres Tempo länger zu tolerieren, da bei einem Volkslauf jeder - von der Wettbewerbsatmosphäre angesteckt - motiviert ist, so schnell wie möglich zu gehen.

8.2 Lust auf mehr: Marathon und Halbmarathon

Wer, so wie im vorausgegangenen Abschnitt beschrieben, zwei Jahre erfolgreich und konsequent das Training durchgehalten hat, ist fitter als er vorher war und hat auch unter gesundheitlichen Aspekten dazugewonnen. Auch seine Toleranz ein etwas schnelleres Tempo länger durchzuhalten hat enorm zugelegt.

Übergänge sind fließend

Nachdem sich dieser positive sportliche und gesundheitsfördernde Effekt mit relativ wenig Anstrengung und mit nur geringem zeitlichen Aufwand eingestellt hat, warum dann nicht einmal – auch wenn man schon älter ist – für die Teilnahme an einem Marathon zu trainieren oder vom Nordic Walker zum Power Nordic Walker werden und an einem Halbmarathon teilnehmen. Die Schritte dazu sind denkbar einfach und führen fließend zu einem höheren Trainingsniveau, welches dann auch die anaerobe Schwellenleistung noch weiter verbessert.

8.2.1 Das richtige Trainingstempo finden

Wer für einen Marathon trainiert, sollte schon einmal die 10km im Wettbewerb gelaufen sein, um einen zuverlässigen Zeitanker zu haben, den man dann zumindest bei seinem ersten Marathon oder Halbmarathon für die Hochrechnung auf die maximal mögliche Zeit verwenden kann. Auch wenn sich die bei Manfred Steffny ausgeborgte Behelfsformel (vgl. S. 75) als Unterschätzung der möglichen Zeit herausstellen sollte, so ist es im Zweifelsfall doch immer besser, wegen der die Orientierung an einer zu langsamen Zeit ein wenig unterfordert zu sein als umgekehrt, mit der Folge von Übertraining und Verletzung durch Vorgabe eines zu optimistischen Zeitziels.

Für die Festlegung des GA1 und GA 2- Tempos kann man von der durchschnittlichen km-Zeit (pace) ausgehen, die bei einem 10000m Laufs erreicht wurde. Danach ergeben sich für die individuelle Trainingsgestaltung die folgenden Tempi für regenerativen, langsamen, mittleren und schnellen Dauerlauf:

Regenerativer Dauerlauf	10000m-km-Wettkampftempo – 90 sec
GA 1, langsamer Dauerlauf	10000m-km-Wettkampftempo – 60 sec
GA 1, mittlerer Dauerlauf	10000m-km-Wettkampftempo – 50-30 sec
GA 2, schneller Dauerlauf	10000m-km-Tempo – 30-15 sec

oder in Pulsbereichen in Prozent der maximalen Herzfrequenz

Regenerativer Dauerlauf (RL)	60 – 70 %
GA 1, langsamer Dauerlauf	65 – 75 %
GA 1 / GA 2 , mittlerer Dauerlauf	75 – 80 %
GA 2 / schneller Dauerlauf	80 – 85%
GA 2, Tempo- u. Intervallläufe	80 – 95 %

Beispiel: Wer bei einem 10000m Lauf bei einem Wettkampf genau 60 Minuten benötigte, war mit einer durchschnittlichen Geschwindigkeit (pace) vom 6 min / km unterwegs. Der langsame Dauerlauf sollte demnach nicht schneller als 7min/km betragen und der schnelle Dauerlauf nicht schneller als 6:15km

Nach der grundsätzlichen Festlegung des Lauftempos im Verhältnis zur Pulsfrequenz oder zu einer aktuellen 10000m Wettkampfzeit gehört insbesondere bei älteren Läufern zu jedem Training das Aufwärmen und langsame Auslaufen, um dem Körper die benötigte Zeit zu geben, sich an das beginnende Training anzupassen.

8.2.2 Aufwärmphase und Cool Down

Das Aufwärmen dient in erster Linie der Verletzungsprophylaxe und der Herstellung einer optimalen muskulären Vorbereitung.

Auch der Kreislauf benötigt eine Vorlaufzeit um sich an die Belastung anzupassen und die benötigte Blutmenge in die arbeitende Muskulatur umzuverteilen. Während die Muskeldurchblutung in Ruhe 20 – 40 ml/kg/min beträgt, steigt sie beim Sport deutlich an. Bei Untrainierten erreicht sie Höchstwerte von 130ml/kg/min bei Ausdauertrainierten sogar 180 ml/kg/min. Die vermehrte Muskeldurchblutung stellt sich aber nicht sofort sondern erst nach einer Anlaufzeit von ein paar Minuten ein.

Erst nach 20 Minuten läuft es richtig rund

Im Mittelpunkt des allgemeinen aktiven Aufwärmens stehen auch die Erhöhung der Körperkerntemperatur sowie die Einarbeitung bzw. Vorbereitung des Herz-Kreislauf-Systems auf die sportliche Leistung. Durch das nicht anstrengende spielerische Aufwärmen wird die Körperkerntemperatur von etwa 37° C auf circa 38,5° C angehoben. Beim Erwachsenen werden dazu etwa 15-20 Minuten benötigt, erst dann läuft es richtig rund, der Läufer merkt es sofort, wenn sich der Automatismus einstellt. Dasselbe gilt auch für das Nordic Walking, wer dies nicht berücksichtigt und gleich zu schnell ist, erhält rasch ein Schmerzsignal von seinem vorderen Schienbeinmuskel. Erst beim Erreichen der optimalen Temperatur laufen alle für die motorische Leistungsfähigkeit entscheidenden physiologischen bzw. biochemischen Reaktionen mit höchster Effektivität ab.

Die einfachste Form des Aufwärmens ist ein langsames Eingehen und Einlaufen oder ein paar gymnastische Übungen mit Gehen auf der Stelle und Armkreisen. Diese Übung ist für den gesamten Schultergürtel gedacht und ein ausgezeichnetes 'Warm-Up'. Auch danach sollten die ersten Minuten nur leicht und locker eingegangen werden. Die frühere Auffassung Dehnübungen in die Aufwärmphase einzubauen gilt heute nicht mehr. Dehnen senkt nämlich die Muskelspannung und vermittelt dem Körper die Information, dass die Belastung zu Ende ist, bevor sie angefangen hat. Deshalb gehört das Dehnen zum Cool Down in der Entspannungsphase.

Genauso wichtig, wie das Aufwärmen ist das Cool-Down nach dem Training. Es soll in der ersten Phase der Nachbelastung zu einer möglichst raschen und vollständigen Erholung und Wiederherstellung führen und einer allmählichen Rückführung des Sportlers aus seinem Zustand der Leistungsfähigkeit in den Zustand der Ruhe und Entspannung dienen. So ist der Organismus nach einer Belastung bestrebt durch die Absenkung der Herz- und Atemfrequenz, des Abtransports des Laktats, der Dämpfung der zentralnervösen Erregung und der Absenkung der Körpertemperatur seinen normalen Ausgangszustand wieder herzustellen. Beim Cool Down hat auch das Dehnen zur Senkung des belastungsbedingten Muskeltonus seinen Platz. Die Dehnübungen sollen dabei nicht ruckartig sondern sanft erfolgen und nicht bis an die Schmerzgrenze gehen.

8.2.3 Trainingsplan für Marathon

Die unmittelbare Vorbereitungszeit für einen Marathon beträgt 12 Wochen mit vier Trainingstagen in der Woche. Der vierte Lauftag ist mit einem Tempo im regenerativen Bereich vorgesehen und dient sowohl zur Regeneration wie auch zur Erhöhung des Wochenumfangs. Wer nicht regelmäßig den vierten Tag nutzen möchte und nur an drei Tagen trainiert, der sollte den langen Lauf am Samstag um zwei bis drei km verlängern.

Wie wir bei dem Ergebnisvergleich von Marathonzielzeiten älterer Läufer gesehen haben (vgl.S.25), liegen diese recht weit auseinander. Aus diesem Grund werde ich in den Trainingsplänen auch auf die Vorgabe von Laufzeiten in der Art von 60 Minuten oder 15km im 7er Schnitt bewusst verzichten, sondern mit Streckenlängen beziehungsweise km-Angaben und Trainingsmitteln arbeiten. Mittleres Tempo kann daher für jeden etwas anderes bedeuten, gemeinsam daran ist die angesprochene Pulsfrequenz um die 75 % der maximalen

Herzfrequenz und die aus der 10000m-Zeit abgeleiteten Trainingsbereiche, wie dies auf Seite 115 genau eingeteilt wurde.

Trainingsplan (HM = Halbmarathon ; M = Marathon

	1. Woche	**2. Woche**	**3. Woche**	**4. Woche Ruhewoche**
Mo	10Min Einlaufen 8km GA 1	10Min Einlaufen 9km GA 1 mit Fahrtspiel (4 x 30 sec)	10Min Einlaufen 10 km GA 1 , davon 1 km GA1 / GA2	10Min Einlaufen 9 km GA 1
Di	6 km RL	6 km RL	6 km RL	
Do	10Min Einlaufen 8km GA 1	10Min Einlaufen 9km GA 1	10Min Einlaufen 9km GA 1	10Min Einlaufen 9km GA 1
Sa	15 km GA 1	16 km GA 1	19 km GA 1	17 km GA1
$\sum$	37 km	40 km	44 km	35 km
	5. Woche	**6. Woche**	**7. Woche**	**8. Woche Ruhewoche**
Mo	10Min Einlaufen 10 km GA 1, davon 3 Intervalle 100m, 200m, 300m	10Min Einlaufen 11 km GA 1,	10Min Einlaufen 11 km GA 1 davon 2 km GA1/GA2	10Min Einlaufen 8 km GA 1,
D/Mi	7 km RL	7 km RL	7 km RL	6 km RL
Do	10Min Einlaufen 10 km GA 1	10Min Einlaufen 10 km GA 1	11 km 4 x bis 1 Min Fahrtspiel	10Min Einlaufen 10 km GA 1
Sa	18 km GA1	20 km GA 1	23 km GA 1	16 km
$\sum$	45 km	48 km	52 km	40 km

	9. Woche	10. Woche	11. Woche	12. Woche Marathon-woche
Mo	10Min Einlau-fen 12 km GA 1	10Min Einlau-fen 13 km GA 1	10Min Ein-laufen 10 km GA 1 davon 3 x 1km GA2	Lockerer Dauerlauf 8km 5 x 100m leichter Stei-gerungslauf
D/Mi	7 km RL	6 km RL	6 km RL	
Do	10Min Einlau-fen 12 km GA 1, davon 2 km GA1 / GA2	10Min Einlau-fen 13 km GA 1	10Min Ein-laufen 10 km GA 1, FS nach be-lieben	10 km locke-rer Dauerlauf
Sa	24 km GA 1 Gehpausen	26 km GA 1	20 km GA 1	Marathon-wochenende
∑	55 km	58 km	44 km	

Tab.19 : In zwölf Wochen fit für Marathon

Das Training im Wochenaufbau wurde abwechslungsreich gestaltet, einerseits wird dadurch Monotonie vermieden und es werden unterschiedliche Trainingsakzente zur Stabilisierung der Grundlagenausdauer, sowie einige schnellere Kilometer im aerob / anaeroben Grenzbereich zur Erhöhung des Grundlagenausdauerniveaus, gesetzt.

Wenn nun die Anordnung der Belastung im Wochenverlauf (Montag bis Sonntag) in der Grafik betrachtet wird, dann fällt auf, dass die Streckenlänge im Rahmen eines 12-wöchigen Zyklus nicht mehr als 5% pro Woche gesteigert wurde. Dass ist das Maß, das unter Beibehaltung der Gesundheit und Verletzungsfreiheit gerade noch bewältigt werden kann und zu einer progressiven homöostatischen Anpassung führt.

5% klingt zunächst wenig trotzdem hat es im Rahmen eines 12-wöchigen Trainingsprogramms am Ende zu einer erheblichen Steigerung geführt. Wer regelmäßig zwischen 30 bis 40 km die Woche zu laufen gewohnt war und dies um jeweils fünf Prozent von Woche zu Woche steigert, wird am Ende des Gesamtzyklus zwischen 50 und 60 Trainingskilometern angelangt sein, die er sicher laufen kann.

In den beiden letzten Wochen beginnt die Wettkampfphase wobei es nun hauptsächlich darauf ankommt, auf die Wirkung des Trainings zu vertrauen. Auf jeden Fall dürfen keine zusätzlichen Einheiten ins Training aufgenommen werden, nur weil sich das Gefühl aufdrängt die erreichte Fitness leide darunter, wenn man jetzt untätig ist und sogar zurückschraubt. Aber genau das Umgekehrte trifft zu: wenn die Vorbereitung bis dahin richtig war, dann schadet Zuviel an Training so kurz vor einem Wettbewerb mehr als ein Zuwenig. In den beiden Wochen vor dem Marathon werden deshalb auch die Gesamtkilometerbelastung nicht mehr erhöht. In der Wettkampfwoche wird der Umfang nochmals reduziert, wobei am Ende der letzten Trainingseinheiten für die Lockerheit auch nochmals ein paar kurze Lockerungssprints angehängt werden dürfen.

Die auf den vorangegangenen Seiten beschriebenen Trainingspläne können dennoch nur eine Orientierung darstellen, denn jeder muss seinen eigenen Stil finden, lange Läufe und kürzere Läufe abzuwechseln und ein wenig Tempospiel einzubauen. Nach drei Wochen aufbauenden Training sollte aber immer eine Ruhewoche mit verkürzten Strecken und zurückgenommenem Tempo eingeplant werden. Grundsätzlich gilt bei den Samstagsläufen, dass die Ermüdung durch die Streckenlänge und nicht durch das Tempo erfolgt.

Keine Trainingspläne stellen ein so sensibles Steuerungsprinzip dar, wie das subjektive Empfinden, wie müde Beine, Lustlosigkeit, orthopädische Probleme oder Hitze und Kälteempfinden. Deshalb sollte gerade bei dem älteren Läufer das subjektive Gefühl für die Feinsteuerung Vorrang vor der 100% Erfüllung des Trainingsplans haben. Versucht werden sollte immer, ab der 6. oder 7. Woche auf wenigstens 50 Trainingskilometer pro Woche zu kommen, dann dürfte einem erfolgreichen Abschluss beim Marathon nichts im Wege stehen.

Damit es nicht zu einer Enttäuschung beim Lauf kommt, muss bei der Anmeldung zu einem Marathon immer auf den Zielschluss geachtet werden. Der Zielschluss ist die Zeit, bei der keine Wertung mehr erfolgt und auch die Verpflegungsstände abgebaut werden. Dies ist mit ein Grund für die große Beliebtheit der großen Marathons in Hamburg, Berlin oder München bei denen der Zielschluss weit über die fünf Stunden hinaus geöffnet ist. Von einer Teilnahme an den vielen kleineren Stadtmarathons mit enger Zielöffnung zwischen 4:30 bis 5:00 Stunden ist deshalb langsameren und älteren Läufern eher abzuraten. Von den Stadtmarathons gehören der Hamburg Marathon, der München Marathon und der größte deutsche Marathon in Berlin zu den Läufen, die länger als 6:00 Stunden das Ziel geöffnet haben und alle Läufer die Chance haben, noch in die Wertung kommen. Lange Zielöffnung haben auch solche Gemeinschaftsläufe, bei denen der Marathon wie zum Beispiel bei Ultraläufen die kleinere Strecke darstellt. Ein klassisches Beispiel dafür ist der Rennsteiglauf in Thüringen wo das Ziel solange geöffnet ist bis auch die Läufer und Läuferinnen von der 78 km – Strecke im Ziel angekommen sind.

8.3 Halbmarathontraining für Nordic Walker

Für Nordic Walker hat der Halbmarathon eine ähnlich hohe Bedeutung wie für den Läufer der Marathon, denn das Tempo eines Nordic Walkers ist einfach langsamer als jenes der Läufer. Auch wenn es immer wieder vorkommt, das schnelle Nordic Walker langsame Läufer überholen, so ist das Nordic Walking Tempo in seiner gesamten minimalen bis maximalen Auslenkungsbreite geringer als beim Laufen. Das unterschiedliche Tempo zeigt sich gut in den Zieleinlaufzeiten bei einem Nordic Walking Halbmarathon und einem Marathon für Läufer. Mit Zeiten zwischen 2:15 und 4:00 bei einem Nordic Walking Halbmarathon liegen die Ergebnisse im gleichen Zeitfenster wie für das Spitzen- und Hauptfeld eines Marathons und während ein guter, austrainierter und junger Läufer den Halbmarathon unter 1:10 schaffen kann, benötigte der amtierende Nordic Walking Weltmeister Michael Epp für den Halbmarathon 2:13:44 (2015 in Roding, Bayern).

Der große Zeitunterschied ist sicher auch ein Grund dafür, dass es so wenig Marathons für Nordic Walker gibt, während sowohl landschaftlich schöne als auch anspruchsvolle Halbmarathons eine feste Größe im Nordic Walking Kalender einnehmen. Zur Auswahl befindet sich im Schlussteil dieses Kapitels eine Zusammenstellung von interessanten Laufveranstaltungen, bei denen neben Lauf- auch Nordic Walking Halbmarathonstrecken angeboten werden.

Nordic Walking Halbmarathon ist ideal für ehemalige Läufer

Um mit einem Training für einen Halbmarathon zu beginnen, sollte ein Nordic Walking Einsteiger mindestens ein Jahre regelmäßig mit den Stöcken unterwegs gewesen sein und die Technik beherrschen. Beim Halbmarathontraining können das Herz-Kreislauf-System, der Atemgasstoffwechsel, das Energiebereitstellungssystem und selbst die Struktur der Muskeln in wenigen Monaten auf eine solche Ausdauerleistung vorbereitet werden. Aber das eigentliche Problem liegt in der deutlich längeren Anpassungszeit des Binde- und Stützgewebes. Wer zu früh die Dauerbelastung extrem steigert und dazu noch intensiv walkt, der kann früher oder später Knie-, Hüft- und Fußprobleme bekommen, deshalb ist von einem zu frühen Beginn des Halbmarathontrainings nach dem Einstieg in das Nordic Walking zu warnen. Ganz anders ist die Ausgangslage bei einem ehemaligen Läufer. Wer schon viele Laufjahre hinter sich hat und dann mit dem Nordic Walking beginnt, kann auch schon nach einem halben Jahr an einem

Halbmarathon teilnehmen, denn die Basis dafür ist seit vielen Jahren vorbereitet.

Auch bei den Trainingsplänen für die Vorbereitung auf einen Nordic Walking Halbmarathon gilt die grundsätzliche Regel, dass jedes Training mit einer Aufwärmphase beginnt und mit einer Abwärmphase ausklingt, und bei den Trainingseinheiten für Power Nordic Walking kommen dieselben Trainingsmittel zur Anwendung wie beim leichtathletischen Lauftraining. *Mittleres bis schnelles walken* (GA1 / GA2 Übergangsbereich) entspricht dem geplanten Gehtempo beim Halbmarathon, *Fahrtspiel* = Spiel mit der Geschwindigkeit, langsames bis mittleres Grundtempo beim Walken im GA1-Bereich und kontrolliertes, zügiges bis schnelles Walken in Intervallen im GA2 Bereich sowie bei wechselndem Untergrund und Gelände. *Walking im* GA1 Tempo dient der Entwicklung und Stabilisierung der Grundlagenausdauer, kann mit einer Tempoverschärfung in den letzten vier Kilometern gegangen werden. *Athletik* im Sinne einer allgemeinen muskulären Kräftigung, insbesondere auch der Arm und Brustmuskulatur beugt Verletzungen vor und fördert die Kraftübertragung beim Stockeinsatz.

Das Trainieren erfolgt individualisiert, je nach der Grundzeit aus dem 2000m Nordic Walking Test und herzfrequenzkontrolliert.

8.3.1 Bestimmung von Pace und Tempo

Für die Bestimmung des eigenen Tempos bei Nordic Walking sind zwei Werte zu unterscheiden, bei denen es immer wieder zu Verwechslungen kommt. Das sind die Pace und das Tempo, gemessen als Geschwindigkeit km/h. Mit Pace wird ermittelt in welcher Zeit ein Nordic Walker oder ein Läufer eine bestimmte Distanz zurücklegt. Als Einheit wird Minute pro Kilometer verwendet. Der ermittelte Wert ist der Kehrwert der Geschwindigkeit. Trainingspläne nutzen sowohl die Pace als Steuergröße für die unterschiedlichen Belastungen der Trainingseinheiten, andere gehen von der Geschwindigkeit in km/h aus. Deshalb ist es zweckmäßig, sich mit beiden Bezeichnungen auszukennen und die Pace in km/h umrechnen zu können und umgekehrt.

Rechenbeispiel:
Ein Nordic Walker, der im 2000m - Test eine Zeit von 16:40 benötigt, kommt rechnerisch für einen Kilometer auf eine Pace von 8 Minuten und 20 Sekunden.

Zur Umrechnung einer Paceangabe von min/km in eine Geschwindigkeitsangabe in km/h geht man wie folgt vor: Bei einer Pace von 8:20 min/km braucht man für einen Kilometer 8:20 Minuten. Um davon die Geschwindigkeit in km/h auszurechnen, berechnet man, wie viele Kilometer man in einer Stunde, also in 60 Minuten zurücklegen kann:
60 min : 8:20 min/km = 7,31 Nun muss noch die Dezimalstelle hinter dem Komma, in Sekunden umgewandelt werden durch 0,31 x 60sec = 18,6 sec. Somit ergibt sich, dass ein Walker mit einer Pace von 8:20 einen km/h Schnitt von 7,18 Kilometer in einer Stunde zurücklegen könnte.
Die Umrechnung von der Geschwindigkeit in die Pace wird in umgekehrter Rechenfolge durchgeführt:
Bei einer Geschwindigkeit von 7,18 km/h legt ergibt sich die Zeit, die für einen Kilometer benötigt wird, durch Division der km/h-Zeit durch 60 Minuten.
60 min / 7,18 km = 8:35 min/km. Nun erfolgt noch die Umwandlung der Dezimalstelle auf Sekundenteile 0,35 x 60 = 21sec. Die Geschwindigkeit 7,18 km/h entspricht also einer Pace von 8:21 min/km.

In der nachfolgenden Tabelle sind auf der Basis der Pace, d.h. die Zeit, die der Walker für 1 km benötigt, sein Tempo in km/h und die maximal mögliche Zeit für 10km und für Halbmarathon enthalten.

Pace und Tempo beim Walking			
Pace (Min / km)	Tempo (km /h)	10000m-Zeit	Halbmarathon-Zeit
11:30	5,22	1:55:00	4:02:37
11:20	5,29	1:53:20	3:59:06
11:10	5,37	1:51:50	3:55:35
11:00	5,45	1:50:00	3:52:04
10:50	5,54	1:48:20	3:48:33
10:40	5,63	1:46:40	3:45:02
10:30	5,71	1:45:00	3:41:31
10:20	5,81	1:43:20	3:38:00
10:10	5,90	1:41:40	3:34:29
10:00	6,10	1:40:00	3:30:59
9:50	6,21	1:38:20	3:27:28
9:40	6,12	1:36:40	3:23:57
9:30	6,32	1:35:00	3:20:26
9:20	6,43	1:33:20	3:16:55
9:10*	6,55*	1:31:40	3:13:24
9:00*	6,67*	1:30:00	3:09:53
8:50*	6,79*	1:28:20	3:06:22
8:40*	6:92*	1:26:40	3:02:51
8:35*	6,99*	1:25:50	3:01:05
* Übergangsbereich : Nordic-Walking / Powerwalking			
Pace und Tempo beim Powerwalking			
Pace (Min / km)	Tempo (km /h)	10000m-Zeit	Halbmarathon-Zeit
8:34	7,00	1:25:42	3:00:44
8:30	7,06	1:25:00	2:59:20
8:20	7,12	1:22:30	2:54:03
8:10	7,21	1:21:40	2:52:18
8:00	7,30	1:20:00	2:48:47
7:50	7,40	1:18:20	2:45:16
7:40	7,51	1:16:40	2:41:45
7:30	8,00	1:15:00	2:38:15
7:20	8,18	1:13:20	2:34:43
7:10	8,37	1:11:40	2:31:12
7:00	8:57	1:10:00	2:27:41
6:50	8,87	1:08:20	2:24:10
6:40	9,06	1:06:39	2:20:39
6:30	9,23	1:05:00	2:17:00
6:20	9,47	1:03:20	2:13:37
6:10	9,73	1:01:40	2:10:06
6:00	10,0	1:00:00	2:06:35

Tab. 20: Pace, Tempo und maximale Endzeiten bei 10000m und Halbmarathon im Nordic Walking

Diese Zeitangaben bieten eine gute Orientierung zur Erstellung seines Trainingsplans. Die angegebene Halbmarathonzeit sowie die 10km Zeit stellen Orientierungen dar, die sich aufgrund der Multiplikation der km-Zeit mit der Streckenlänge ergeben. Für eine realistische Angabe des Zeitkorridors muss man Abstriche machen, die sich durch eine über die Streckenlänge einsetzende Ermüdung ergibt.

Der Nordic Walker aus dem Rechenbeispiel mit einer 1000m – Zeit von 8:20 aus dem 2000m Nordic Walking Test kann unter günstigen Bedingungen 1:22:33 auf der 10km Strecke erreichen und rein rechnerisch auf eine Halbmarathonzeit von 2:54:03 kommen. Wegen der auf einer längeren Strecke einsetzenden Ermüdung wird er jedoch sowohl bei den 10km wie auch beim Halbmarathon noch einiges an Zeit zugeben müssen. Ein realistisches Ziel beim Halbmarathon liegt eher bei einer Zeit zwischen 3:00 und 3:15 anstatt bei 2:54, wie es sich aus der Multiplikation mit der 1000m-Zeit ergeben würde.

8.3.2 Trainingsplan für Nordic Walking Halbmarathon

Wer erstmalig einen Halbmarathon vorbereitet, sollte in erster Linie auf die Erfüllung der erforderlichen Gehkilometer achten, eine möglichst hohe Gehgeschwindigkeit zu erreichen bleibt in diesem Stadium erst einmal zweitrangig. Ziel sollte es sein 21,1 km sicher zu bewältigen. Um aus dem allgemeinen Jahrestrainingsplan heraus einen Halbmarathon vorzubereiten, wird auch hier ein Trainingszeitraum von 12 Wochen eingeplant.

Der 3:15 Walker muss in der Lage sein, den 2000m Test sicher um die 16:45 bis 17:00 Minuten zu gehen und erreicht damit ein Tempo von 8:30 für den Kilometer und eine rechnerische Endzeit bei einem Halbmarathon, die unter der 3 Stundengrenze liegt. Da der Wert bei einem Test erreicht wurde, lag der Pulsbereich im Übergangsbereich GA 1 und GA 2 und damit bei einem Tempo, das auf die Halbmarathonstrecke zwar noch nicht durchgehalten werden kann, aber eine Zeit von 3:15 durchaus möglich macht.

Für die Festlegung des GA1 und GA2 Tempos kann man vereinfachend von der 1 km-Bestzeit oder von der Pulsfrequenz ausgehen. Danach ergeben sich für die individuelle Trainingsgestaltung die folgenden Tempi für regenerativen, langsamen, mittleren und schnellen Dauerwalk:

Festlegung der Trainingsbereiche

Regeneratives Walking:	1000m – Bestzeit – 60 sec /km = 9:30 / min
GA 1, langsames Walking:	1000m – Bestzeit – 45 sec /km = 9:15 / min
GA 1, mittleres Walking:	1000m – Bestzeit – 30 sec /km = 9:00 / min
GA 1/2, schneller Walk:	1000m – Bestzeit – 15 sec /km = 8:45 / min

oder in Pulsbereichen in Prozent der maximalen Herzfrequenz

Regenerativer Dauerwalk	60 – 70 %
GA 1, langsames Walking	70 - 75 %
GA 1 / GA 2, mittleres Walking	75 – 80 %
GA 2, schnelles Walking	80 - 85 %
GA 2, Tempo- u. Intervallwalking	über 85%

In der Woche vor dem Beginn des Trainingsplans kann zum Übergang vom bisherigen Nordic Walking Training auf ein jetzt neues Trainingsziel auch einmal auf eine oder zwei Sporteinheiten verzichtet werden, um eine Erholung zu ermöglichen und um sich danach auf den kommenden Trainingsbeginn zu fokussieren. Die gezielte Vorbereitung auf den Halbmarathon benötigt insgesamt 12 Wochen mit einer Vorbereitungs-periode und der Wettkampferiode mit der Feinabstimmung in den letzten drei Wochen vor dem Halbmarathon. Zu Beginn des 12-wöchigen Trainings stehen die lockeren und mittleren Dauerwalks bis maximal 12 km am Ende der 1.Trainings-periode im Vordergrund. Die Geschwindigkeit kann entsprechend der Tagesform gewählt und gesteuert werden. Eher langsamer als zu hoch sollte in dieser ersten Phase das Tempo gewählt sein. Grundsätzlich soll an den Samstagen die Ermüdung durch die Streckenlänge und nicht durch das Tempo erfolgen.

	1. Woche	2. Woche	3.Woche	4.Woche
Mo	--	--	--	--
Di	4 km Nordic Walking (GA1) 1km mittleres Walking (GA 1/2) 1 km Nordic Walking (GA1)	3km Nordic Walking (GA1) 2 km Mittleres Tempo (GA 1/2) 1 km langsames Tempo	Insgesamt 8 km Nordic Walking, Fahrtspiel mit abwechselnd mittleren und schnelleren Einheiten (GA1 / GA2)	7km Nordic Walking, (GA1) 1 Stunde
Mi	--	--	--	--
Do	10 km Nordic Walking (GA1) Zwischendurch Übungen zur Technikbeherrschung	3 km langsames Nordic Walking (GA1) 1km (Ga1 / GA2) 2 km langsames Nordic Walking (GA1) 1km (GA1 /GA2)	4 km, mittleres Nordic Walking (GA1) dazwischen 5 x 1 Minute sehr schnelle Intervalle (GA2) 3 km langsames Walking	7km langsames Nordic Walking (GA 1) 1 Stunde
Fr	--	--	--	--
Sa	Langer Walk 11 km (GA1)	Langer Walk 12km (GA1)	Langer Walk 14 km (GA1)	Langer Walk 12km (GA1)
So	--	--	--	--

Tab.: 21 a: Trainingsplan auf einen Halbmarathon (Woche 1 – 4) mit Wochenzusammenfassung (21 b)

Bei allen Trainingseinheiten wird zum Aufwärmen der erste Kilometer grundsätzlich in langsamem Tempo begonnen, danach kann das Tempo gesteigert werden.

Das Training im Wochenaufbau wird abwechslungsreich gestaltet und es werden unterschiedliche Trainingsakzente gesetzt:

1. Stabilisierung der Grundlagenausdauer (GA1), die als Zubringerleistung zum großen Anteil in die Halbmarathonleistung eingeht und zudem noch die Belastungsverträglichkeit und die Wiederherstellungsfähigkeit (nach Wettkampf und Training) verbessern hilft. Dies wird über lange, lockere Walks vorwiegend im Fettstoffwechsel und Walks im mittleren GA1 Bereich erzielt.

2. Training im Wettkampftempo welches zur Erhöhung des Grundlagenausdauerniveaus führt und zur Gewöhnung an das Wettkampftempo bei einem Halbmarathon führen soll. Hier sind Dauertempowalks bis zu 8km im Training vorgesehen.

3. Schulung der Technik – bei den Trainingseinheiten im GA1 Bereich ist es sinnvoll immer auch einmal ein paar Übungen zur Technik in der Stockführung und zum Aufbau der Körperspannung einzubauen.

Wenn nun die Anordnung der Belastung im Wochenverlauf (Montag bis Sonntag) in der Tabelle betrachtet wird, dann fallen folgende Belastungskriterien auf. (Tab.21b)

Tempobereich	**1.Woche**	**2.Woche**	**3.Woche**
langsam	26 km	20 km	27 km
mittel	1 km	4 km	2 km
schnell	--	--	1 km
Gesamte km	27 km	24 km	30 km

Tabelle 21b: Wochenzusammenfassung des 1. Trainingszyklus

Bei den insgesamt zurückgelegten 81 km im ersten Block lag das Tempo nur in knapp 10% der im Training absolvierten 81 km annähernd bei dem im Halbmarathon zu erreichenden Dauergehtempo von 9 min / km. Der überwiegende Teil Walking-Kilometer lag vom Tempo im Grundlagenausdauerbereich und war damit langsamer als das im Wettkampf angesteuerte Halbmarathontempo. Dieses Prinzip wird auch im Mehrwochenverlauf angewandt. Nach einem 3-Wochen-Belastungsblock folgt eine Ruhewoche. In dieser hat der Körper die Chance zu regenerieren und die Belastungsbereitschaft für den nächsten Zyklus herzustellen. Dabei sollte auf jeden Fall die Intensität und bei Bedarf auch der Trainingsumfang herabgesetzt werden.

Nach dem ersten Block beginnt in der fünften Woche ein erneuter Belastungszyklus von drei Wochen, in welchen die schnell zu walkenden Einheiten zunehmen und der km - Gesamtumfang ansteigt. Dazu trägt auch die am Sonntag eingeplante sehr langsame Nordic Walking Einheit bei. Das schnelle Gehen im aerob / anaeroben Übergangsbereich soll flott sein und im Halbmarathon Wettkampftempo gegangen werden. Um auch bei der Herzfrequenz in den Bereich der Maximalbelastung zu kommen wurde auch wieder ein Fahrtspiel mit sehr schnellen 1-minütigen Einheiten oder ein Hopserlauf mit Stöcken in das Training aufgenommen. Damit man in den Bereich des Wettkampftempos kommt, kann auch eine Teilnahme an einem Volkslauf mit einer ausgewiesenen Nordic Walking Strecke erfolgen. Dies ist in der 7. Woche, unmittelbar vor der Ruhewoche, eingeplant und dafür die lange Einheit vom Samstag auf einen Trainingstag innerhalb der Woche verschoben.

In der vierten Woche des zweiten Zyklus, der „Ruhewoche", steht wieder eine Umfang- und Temporeduzierung im Vordergrund.

	5. Woche	6. Woche	7. Woche	8. Woche/Ruhe
Mo				
Di	Fahrtspiel 10 km (GA 1) mit 8-10x eine Minute sehr schnell	2km langsames NW 1km NW, mittleres Tempo 2 km langsames NW 1 km Walking, schnelles Tempo (GA2) 1 km langsames NW, Ausgehen, Dehnung	2 km NW Tempo- (GA1) 4 km mittleres NW-Tempo 2 km langsames NW-Tempo Ausgehen, Dehnung	8km (GA 1) langsames NW- mit Technikübungen, z.B. 500m Stockeinsatz nur mit rechtem, dann abwechselnd nur mit linkem Arm
Mi				
Do	10 km (GA 1) mit Übungen zur Technik	4 km (GA 1), langsames NW-Tempo 4 x 400m (GA 2) schneller Walk mit jeweils 5 Minuten langsamen Gehpausen. 1 km langsames Tempo Ausgehen, Dehnen	17 km (GA 1)	8 km (GA 1)
Fr				
Sa	14km (GA 1)	15 km (GA 1) Mit Übungen zur Technik	Teilnahme an einer Nordic Walking Veranstaltung im Rahmen eines Volkslaufs, mittleres - schnelles Tempo	12 km (GA 1) Langsames NW-Tempo
So		Zur Regeneration eine Stunde ruhig walken oder 2 Stunden wandern	Athletik / Sauna	

Tabelle 22 a: Trainingsplan Halbmarathon; Woche 5 – 8 mit Wochenzusammenfassung (22b)

Der zweite Abschnitt mit drei bis vier Trainingseinheiten pro Woche ist bewältigt (Tab. 22b). Auch in diesem Abschnitt lag der Schwerpunkt auf den langsamen Einheiten im Bereich des GA1 – Tempos. Insgesamt wurde die Wochensumme der im Training zurückgelegten km erhöht und im Vergleich zum ersten dreiwöchigen Trainingszyklus viel Wert auf die Trainingseinheiten im mittleren Tempobereich gelegt, um sich an das Dauertempo beim Halbmarathon schrittweise zu gewöhnen.

Tempobereich	**5.Woche**	**6.Woche**	**7.Woche**
langsam	32 km	25 km	21 km
mittel	--	1 km	11 km
schnell	1 km	4 km	--
Gesamte km	33 km	30 km	34 km

Tabelle 22b: Wochenzusammenfassung

Die Wirkung von Belastungswochen und einer dazwischen geschalteten Ruhewoche müsste nun jedem Walker gegenwärtig sein, so dass auch der letzte Trainingszyklus in einer ähnlichen Art und Weise umgesetzt werden kann. Die drei bis vier Trainingstage pro Woche werden beibehalten. Auch kann in der 9. oder 10. Woche nochmals ein kürzerer Wettkampf im schnellsten Tempo gegangen werden. Der Trainingshöhepunkt liegt in der 10. Woche, wobei während der Gesamtzeit die Konzentration auch auf die Technik gelegt werden muss.

	9. Woche	10. Woche	11. Woche	12. Woche/Ruhe
Mo				
Di	Fahrtspiel 10 km (GA 1) mit 8-10x eine Minute sehr schnell, Übungen und Kontrolle der Technik Ausgehen, Dehnung	2km (GA1), langsames NW 5 km mittleres NW-Tempo (GA1 / GA2) 1 km Walking, schnelles Tempo 1 km langsames NW, Ausgehen, Dehnung	2 km (GA1) langsames NW Tempo 4 km mittleres NW-Tempo 2 km langsames NW-Tempo Ausgehen, Dehnung	8km (GA 1) langsames NW-Tempo mit kurzen Beschleunigungen je nach Wahl Ausgehen, Dehnung
Mi				
Do	5 km (GA 1), mit Übungen zur Technik 4 km mittleres NW-Tempo Ausgehen, Dehnung	2 km langsames NW-Tempo 6 km mittleres Tempo (GA1 / GA2) 2 km langsames Tempo Ausgehen, Dehnen	2 km langsames NW-Tempo 4 x 200m sehr schnell, (GA 2) dazwischen je 1 km langsames NW-Tempo Ausgehen	6 km (GA 1) Ausgehen, Dehnung
Fr				
Sa	16 km (GA 1)	18 km (GA 1) mit Übungen zur Technik	Teilnahme an einer möglichenNordic Walking Veranstaltung im Rahmen eines Volkslaufs , etwa 6 km oder 12 km langsames Tempo (GA1)	**Halbmarathon: Zielzeit 3:15**
So		eine Stunde ruhig walken oder 2 Stunden wandern	Athletik / Sauna	

Tab.23: Trainingsplan Halbmarathon; 9. – 12. Woche

In den beiden letzten Wochen beginnt die Wettkampfphase wobei es nun hauptsächlich darauf ankommt, auf die Wirkung des Trainings zu vertrauen. In der Wettkampfwoche wird der Umfang nochmals reduziert, wobei am Ende der letzten Trainingseinheiten auch nochmals ein paar kurze Tempowalks zum Auflockern angehängt werden dürfen.

Nach einem anstrengenden Halbmarathon dient die nächste Woche der aktiven Regeneration. Die Pause ist auch deshalb nötig, weil die Motivation zum Training fehlt und die bis zum Wettkampf aufgebaute Spannung zusammengebrochen ist. Insofern stellt die 13. Woche eine echte Entlastung dar. In dieser Zeit sollte mehr denn je nach Lust und Laune trainiert werden. Anstatt Walking kann das Training auch durch Schwimmen, Radfahren oder Wandern ergänzt werden.

Trainingspläne für 3 Stunden bis zu 2:15

In meinen Buch *Nordic Walking Training – Vom Einsteiger bis zum Marathon* (2017) bin ich auch ausführlich auf Trainingspläne Halbmarathon für 3 Stunden bis 2:15 eingegangen. Dieses Kapitel möchte ich in diesem Buch bewusst aussparen, denn der ältere Nordic Walker wird es schon schwer haben die 3-Stunden Grenze zu unterbieten – eine Zeit unter 2.45 wird ihm aber kaum möglich sein. Das zeigt auch die kleine Tabelle mit den notwendigen Gehzeiten / km. Für eine Zeit zwischen 2:16 und 3:00 Stunden müssen Sie in der Lage sein, ein Tempo zwischen 6:30 bis 8:30 Minuten je Kilometer über die Streckenlänge von 21 km sicher durchzuhalten.

Zielzeit	2:59	2:48	2:37	2:27	2:16
Pace / Tempo je km	8:30	8:00	7:30	7:00	6:30

Tab.: 24: Durchschnittstempo im Nordic Walking für Halbmarathonzeiten unter 3 Stunden

Bestzeiten in Nordic Walking Halbmarathon

Die besten deutschen Nordic Walker wie Weltmeister Michael Epp und der amtierende deutsche Meister und Europameister im 10000m NW Wolfgang Scholz erreichten bei der Weltmeisterschaft auf der Halbmarathonstrecke 2:13:44 und 2:17:09 – und das sind die Schallmauern in diesem Wettbewerb.

8.4. 25 Halbmarathontermine für Läufer und Nordic Walker in Deutschland

April	Deutsche Post Marathon Bonn	Bonn	http://www.deutschepost-marathonbonn.de/
April	Dreiburgenland Marathon	Thurmansbang	http://www.hotel-schuerger.de
April	Gifhorner Lauftag	Gifhorn	andi.friese@web.de
Mai	Windhagen-Marathon	Windhagen	http://www.windhagen-marathon.de/
Mai	Heilbronner Trollinger Marathon	Heilbronn	http://www.trollinger-marathon.de
Mai	Ilmenaulauf	Bad Beversen	http://www.ilmenaulauf.de
Juni	Bad Harzburger Bergmarathon	Bad Harzburg	http://www.sportpark-bad-harzburg.de/
Juni	Gorch-Fock-Lauf	Wilhelmshaven	http://www.gorch-fock-lauf.de
Juni	Int.Volkslauf	Bliedersdorf	http://www.sv-bliedersdorf.de
Juni	Tiergartenlauf Sport-Schloss Velen	Velen	http://www.tiergartenlauf.de
Juni	Ahrathon	Bad Neuenahr	http://ahrathon.de/
Juni	Biggesee-Marathon	Attendorn	https://sss.time-and-voice.com/running
Juni	Nordic Walking Tag	Ehingen	http://www.tsg-ehingen-lauftreff.de
August	Rund um den Wellen	Beverstedt	http://www.wellen-marathon.de
August	Hunsrück-Marathon	Simmern	http://www.hunsrueck-marathon.de
September	Seen-Lauf Sandersdorf	Sandersdorf	http://www.kanu-sandersdorf
September	Einstein-Marathon	Ulm	http://www.einstein-marathon.de
September	Sigmaringer Nordic Walking Lauf	Sigmaringendorf	http://www.sc-sigmaringendorf.de
September	Walking Event Bad Bergzabern	Bad Bergzabern	http://www.tv-badbergzabern.de/walking
Oktober	Nordic Walking Lauf Pforzheim	Pforzheim	http://www.nordicwalking-pforzheim.de
Oktober	Mitteldeutscher Marathon	Halle	http://www.mitteldeutscher-marathon.de
Oktober	Harz Gebirsglauf	Werningerode	http://www.harz-gebiergslauf.de
Oktober	Walk in Herne	Herne	http://www.walkinherne
Oktober	Falke Rothaarsteig Marathon	Schmallenberg	http://www.rothaarsteig-marathon.de
Oktober	Magdeburg Marathon	Magdeburg	http://www.magdeburg-marathon.de
Oktober	Süderelbe Marathon	Hamburg	http://www.hnt.de

8.5 Lange Strecken auf dem Vormarsch

Die Frage, welche anderen Streckenlängen außer den gewöhnlichen Volksläufen, Halbmarathons und Marathons für Läufer und für talentierte und ausdauernde Nordic Walker in einem Wettbewerb noch möglich sind, darf in diesem Buch natürlich nicht fehlen. Da ältere Laufer viel weniger an ihrer Dauerlauffähigkeit als an ihrer Schnelligkeit verlieren, geraten lange Strecken und auch Bergläufe immer mehr in ihr Visier.
Auch bei den Lauf- und Nordic Walking Veranstalter stehen Bergläufe und lange Strecken hoch im Kurs. Bei einem Blick in die Datenbanken wie zum Beispiel *runme.de*; *Marathon4you.de oder profiwalk.de* mit den wichtigsten deutschen und auch internationalen Lauf- und Walking-Veranstaltungen finden sich nicht Wenige mit Streckenlängen, die zum Teil weit über die Marathondistanz hinausgehen.

Für Trailläufer und -walker finden sich im gesamten Alpengebiet aber auch in den deutschen Mittelgebirgen Gebirgsläufe und Gebirgsmärsche, die auch für Nordic Walker im freien Stil gut zu bewältigen sind.

Für Nordic Walker ist der Marathon fast ein Ultra

Die Empfehlungen aus den Trainingsplänen für die längeren Strecken sind einfach zusammenzufassen: Erhöhung der Kilometerwochensumme in der unmittelbaren Vorbereitungsphase auf bis zu 80km und die Verlängerung der langsamen Läufe und Walks von 20 km auf 25 – 35 km. Aber, wie bei den Trainingsplänen für die erfolgreiche Teilnahme an einem Halbmarathon, ist auch für die Vorbereitung auf einen Marathon das Tempo ausschlaggebend, welches der Läufer oder Nordic Walker dauerhaft über eine längere Strecke gehen kann. Während Läufer bei den langen Strecken an den Klassiker in Biel mit 100km denken, ist für Nordic Walker schon der Marathon eine lange Strecke

Schon bei einem für Nordic Walker durchaus sehr flotter Pace von 8:00 Minuten pro Kilometer (= 7,5 km/h) benötigt er rein rechnerisch ohne Zeitabzug für die Verlangsamung, die auf der längeren Strecke ihren Tribut verlangt, mindestens eine Endzeit von 5:40 Stunden für die Marathondistanz. Bei einem Tempo von 7 Minuten je Kilometer benötigt er mindestens 6 Stunden und daraus können je nach Tagesform, Trainingszustand und Wetterverhältnissen schnell auch 6:30 Stunden und mehr werden.

März	6h von Kelheim	Kelheim	http://www.runandbike.de
Mai	Rennsteiglauf	Neuhaus am Rennweg	http://www.rennsteiglauf.de
Juni	Bieler Lauftage	Biel (Schweiz)	https://www.100km.ch
Juni	100km del Passatore	Florenz (Italien)	http://www.100kmdelpassatore.it
Juli	24 Stundenlauf	Dettenhausen	http://www.vfl-dettenhausen
August	Eifel-Panorama-Walk	Monschau	http://www.monschau-marathon.de
September	Rottaler Nordic Walking Marathon	Bad Griesbach	http://www.rottaler-nordic-walking.de/
September	p-Weg Marathon	Plattenberg	https://www.p-weg.de/
Oktober	Harz-Gebiergslauf	Werningerrode	http://www.harz-gebiergslauf.de

Ein wichtiges Kriterium bei der Entscheidung an einem Marathon teilzunehmen ist der Zielschluss. Mit dem Zielschluss ist das Rennen beendet, es gibt keine Wertung mehr, die Verpflegungsstellen werden abgeräumt und die Sicherung der Strecke eingestellt. Für die Auswahl bei einem Marathon als Nordic Walker mitzumachen muss es das wichtigste Kriterium sein, dass das Ziel mindestens bis 6 Stunden nach dem Start geöffnet bleibt. Je länger bei einem Marathon das Ziel offen bleibt, desto weniger kommt der Nordic Walker in Stress, wenn er kein Tempo mehr zulegen kann, aber dennoch fähig ist, die Streckenlänge zu bewältigen. Meistens sind deshalb diejenigen Veranstaltungen für Nordic Walker besonders geeignet, bei denen neben dem Marathon auch noch längere Strecken gelaufen werden können und die deshalb das Ziel so lange geöffnet halten müssen, bis auch diese Läufer angekommen sind. Ein typisches Beispiel dafür ist der Rennsteiglauf, bei dem auch Walker mit über 8 Stunden auf der Marathonstrecke im Ziel noch in die Wertung kommen.

8.6 „Einmal musst Du nach Biel"

Auch bei Ultraläufen und –märschen, die über die Marathondistanz hinausgehen ist auf die Zielschlusszeit als Kriterium zu achten. Als Klassiker gelten noch immer die 100km von Biel, die 2018 bereits zum 60. Mal ausgetragen wurden. Nicht umsonst kursiert unter langjährigen Läufern der Imperativ *„Einmal musst Du nach Biel"*. Aber auch für Nordic Walker kann Biel zu einem Erlebnis werden, das lebenslang in positiver Erinnerung bleiben wird. Gerade für Ältere können die 100km leichter sein als ein Marathon, denn die 100 km werden in einem anderen Stoffwechselbereich stets unterhalb der aeroben Schwelle, mit weniger Prozent des maximalen Sauerstoffaufnahmevermögens und auch in einem niedrigeren Pulsbereich gelaufen oder gewalkt als bei einem Marathon. In Biel besteht für Läufer und Geher eine Zielöffnung von 21 Stunden.

Wie Werner Sonntag in seinem Buch „Mehr als Marathon" schon vor mehr als 30 Jahren vorgerechnet hat, sind die 100 km für jeden Läufer ganz einfach, wenn er geht. „Ein Wanderer" so schreibt er, (S. 53) „legt in der Stunde 5km zurück – mit Geschwindschritt sind es sogar 6 km/h. Wer den Wanderschritt durchhält, kann also in 20 Stunden am Ziel sein. Für diejenigen, die in diese Kategorie fallen, ist nur eine einzige Voraussetzung wichtig: Ausdauer ! Die Geschwindigkeit ist völlig sekundär."

Für die Vorbereitung kann man sich an den einfachsten der Trainingspläne für den Ultralauf orientieren: Erhöhung der Kilometerwochensumme und die Verlängerung der langsamen Trainings-einheiten von 12 km auf 23 – 30 km bei den Nordic Walkern und 25 bis 40km bei den Läufern. Die Chancen den Lauf zu finishen steigen proportional mit jedem Jahr aktiven Lauf- oder Walkingtrainings an. Eine mindestens fünfjährige Lauferfahrung sollte es schon sein, bevor ein Ultralauf ins Visier genommen wird. Auch ein über die Jahre regelmäßig durchgeführtes Wintertraining drei bis viermal in der Woche ab-wechselnd mit Skilanglauf, Spinning und Laufen erhöhen die stabile Ausdauerbasis, um eine über die Marathondistanz hinausgehende Strecke mit Erfolg abzuschließen.

Doch die wichtigste Vorbereitungsarbeit bewegt sich im Kopf. Nur wenn Sie sich psychisch und in Gedanken sicher fühlen, kommen Sie ins Ziel – ein *vielleicht, einmal probieren, könnte und möglicherweise* verträgt sich nicht gut mit den Herausforderungen einer Ultrastrecke. Die Zerlegung in Teilabschnitte und Verknüpfung mit schon bestandenen Läufen ist für die kognitive Vorbereitung ebenso hilfreich, wie suggestive Formeln während des Laufs, *„wenn du jetzt aufgibst wirst Du nicht die Erfahrung machen können, dass du es geschafft hättest“.* Sie haben schon vielen Läufern und Läuferinnen dabei geholfen, kleine Krisen während des Laufs erfolgreich zu überstehen.

Mit mentaler Stärke und der Erfahrung einer über jahrzehntelangen Ausdauertrainings stellt auch das Vorbereitungstraining für Biel 100km keine unüberwindbare Hürde mehr dar. Mein eigenes Trainingsprotokoll, um als Nordic Walker an dem 100km von Biel teilzunehmen, habe ich in der nachfolgenden Tabelle zusammengefasst.

Tab.25.: Trainingsprotokoll für die Vorbereitung auf die 100 km in Biel

1.Woche		5.Woche	
Mo	7 km GA 1	Mo	8 km GA 1
Di	1 Std. Spinning	Di	1 Std. Spinning
Mi	9 km GA 1/2	Mi	
Do	7 km GA 1	Do	8 km GA 1
Fr		Fr	
Sa	15 km GA 1	Sa	
So	28km m MTB	So	46 km Radtour
2.Woche		6.Woche	
Mo	7 km GA 1	Mo	9 km GA 1
Di	1 Std. Spinning	Di	1 Std. Spinning
Mi	9 km GA 1/2	Mi	9 km GA 1/2
Do	7 km GA 1	Do	8 km GA 1
Fr		Fr	
Sa	18 km	Sa	25 km
So	8 km	So	
3.Woche		7.Woche	
Mo	10 km GA 1	Mo	2 x 6 km
Di	1 Std. Spinning	Di	1 Std. Spinning
Mi	9 km GA 1/2	Mi	10 km GA 1/2
Do	8,5 km GA 1	Do	8 km GA 1
Fr		Fr	
Sa		Sa	32 km
So	8 km Wettkampf	So	
4.Woche		8.Woche	
Mo	8 km GA 1	Mo	8 km
Di	1 Std. Spinning	Di	1 Std. Spinning
Mi	9 km GA 1/2	Mi	11 km GA 1/2
Do	8,5 km GA 1	Do	8 km GA 1
Fr		Fr	

Sa /So	21 km / So: Pause	Sa / So	14 km / So: 23 km
9.Woche		10.Woche	
Mo	8 km GA 1	Mo	8 km GA1
Di	2 Std. Spinning	Di	1 Std. Spinning
Mi	9 km GA 1/2	Mi	11 km GA 1/2
Do	10 km GA 1	Do	
Fr		Fr	22:00 Uhr, Start 100 km Biel
Sa /So	18 km / So: Pause	Sa	im Ziel

Bei der Zusammenstellung des Plans habe ich mich an der Empfehlung aus den Trainingsplänen für Marathon und Ultralauf orientiert und die Kilometerwochensumme und die Kilometer bei den langsamen Walkings erhöht. Mein Training bestand aus zwei Zyklen von der 1. bis zur 4. Woche mit 41 bis 46 Wochenkilometern. Die Teilnahme an einem schnellen 8km Wettkampf in der 3. Woche des ersten Trainingszyklus konnte so weit vor dem Termin in Biel nicht schaden. Regelmäßig während der gesamten 10-wöchigen Trainingsphase wurde die eine Stunde Spinning als Kraft- und Kreislauftraining auch während der Ruhewoche beibehalten.

In der zweiten Trainingsphase zwischen der 6. bis zu 8. Woche wurden die Strecken bei den langen Einheiten an den Samstagen von 25 km auf nach und nach 32 km erweitert mit dem Ergebnis, dass ich mir immer sicherer wurde die lange Strecke auch in zügigem Tempo durchzuhalten. Ganz anders als vor wenigen Jahren, damals trainierte ich noch als Läufer für einen Marathon, verspürte ich nach den 25km immer eine Müdigkeit und war froh wieder zum Ausgangspunkt zurückzukommen. Niemals wäre ich damals als Läufer auf die Idee gekommen nach den langen Läufen noch zweimal 2 km-Runden um einen nahe gelegenen Weiher zu drehen. Dieses Gefühl einer erschöpften Ermüdung, wie ich dies bei den langen Läufen häufiger erlebt habe, kam während des Nordic Walking Trainings nie auf und ich hätte jederzeit nach Erfüllen der Trainingsvorgabe auch noch eine oder zwei weitere Runden anhängen können. Ich fühlte mich fit und war bereit die Herausforderung Biel 100 km anzunehmen. Am 10. Juni 2016 war es dann soweit.

Gefühl für objektive Gefahren entwickeln

Aus objektiven Gründen kam es dann leider anders als geplant – schwerstes Gewitter war angesagt[1]. Kurzum, das Risiko in ein angesagtes Gewitter hinein zu walken, sollte grundsätzlich jedem Läufer und Nordic Walker zu bedenken geben, entweder den Wettkampf zu verkürzen oder ganz auf die Teilnahme zu verzichten. Deshalb war nach 8:40 Stunden Ende bei dem Teilabschnitt 56 km, wobei mir für die restlichen 44 km noch ein großzügiger Zeitpuffer von 12:30 Stunden geblieben wären (vgl. dazu ausführlich, Welz, Nordic Walking Training, 2017). Fazit für mich: die 100 km gehören auch für Nordic Walker in den Bereich der möglichen Wettbewerbsdistanzen und was für Nordic Walker zu schaffen ist, sollte mit dem gleichen zeitlichen Aufwand für Läufer kein Problem sein, denn gehen können sie zur Not ja immer noch.

[1] (https://www.meteoblue.com/de/wetter/vorhersage/archive/biel)

9. Wo Laufen und Nordic Walking zusammentreffen: Trailrunning und Speedhiking

9.1 Trail Walking und Speed Hiking

Man mag ja darüber streiten, ob Trail Running oder Speed Hiking, 24 Stunden Wanderungen nun unter Laufen oder Nordic Walking zu rubrizieren sind und Bergläufe zum Nordic Walking Sport gezählt werden dürfen. Dies ist sicherlich der Fall, es sei denn man ließe als einziges Kriterium für Nordic Walking die exakte Stocktechnik und Stockführung gelten. Aber warum soll man Sportler, die in Nordic Walking ihre Hauptsportart sehen, davon ausschließen und diese Sportarten nur den Läufern überlassen, von denen übrigens die meisten gar nicht laufen sondern gehen und ebenfalls Stöcke mit sich führen. Tatsächlich ist es aber doch eher so, dass Trailwalking, Speed Hiking, sportliches Wandern und Schneeschuh Walking Sportarten sind, bei denen sich die Disziplinen Laufen, Walken und Nordic Walken zusammentreffen und sich überschneiden. Die Überschneidung zeigt sich auch in der sprachlichen Ungenauigkeit bei der Bezeichnung dieser Form von Veranstaltungen, wobei Trail, Marsch oder Lauf für die gleiche Veranstaltung als äquivalente Begriffe dafür verwendet werden. Gewiss, die korrekte Stockführung steht an zweiter Stelle, aber Trailwalking und Speed Hiking sind Äquivalenzsportarten für Nordic Walker, genauso wie Skilanglauf, Wandern, Bergsteigen, MTB-fahren oder sogar auch das Wanderrudern. Jede Sportart trainiert auf ihre Weise auch die Ausdauer für die jeweils andere und bringt Abwechslung in das ansonsten monoton zu werdende Training. Wir erinnern uns hier nochmals an eines der Trainingsprinzipien: Monotonie entgegenwirken.

Für Läufer und Walker mit Interesse an Veranstaltungen im natürlichen hügeligen bis bergigen Gelände finden sich im gesamten Alpengebiet und in den deutschen Mittelgebirgen eine große Anzahl attraktiver Läufe oder Gebirgsmärsche. Eine kleine Auswahl davon ist in der nachfolgenden Tabelle zusammengestellt.

Januar	Swisssnow Walk&run	Arosa, Schweiz	14,4 km	http://www.snowwalkrun.ch
Februar	Vertical Up	Kitzbühel Österreich	3 km, 900hm	http://www.vertical-up.com/de/kitzbuehel/
Juni	Koasa Speed Trail	Oert, Österreich	5 km; 10 km	http://www.koasamarsch.at
Juni	Mozart 100	Salzburg, Österreich	26 km	http://www.mozart100
Juni/Juli	33km Speed Hiking	St. Anton, Österreich	33 km	http://www.montafon-erlberg-marathon.com
Juli	Swiss Alpine Marathon	Davos / Klosters, Schweiz	23km für Nordic Walker	http://www.swissalpine.ch
August	Karwendelmarsch	Scharnitz / Seefeld, Österreich	33km, 52 km	http://www.karwendelmarsch.info
August	Steinbockmarsch	Ginzling, Zillertal, Österreich	30 km 1800hm	https://www.zillertaler-steinbockmarsch.com
Oktober	Transviamala Run & Walk	Thusis / Illanz, CH	11,5 km	http://www.transviamala.ch

Tab.:26: Ausgewählte Bergläufe und –märsche im Alpengebiet

An den meisten dieser Wettbewerbe nehmen sowohl Läufer und Walker teil, gemeinsam ist ihnen die Verwendung von Stöcken und oft lange Gehpassagen. Eine Besonderheit im Januar ist der Swiss Snow Walk&Run bei dem auch das Gehen mit Schneeschuhen erlaubt ist.

Während der Begriff des Trailwalkings auch zur Bezeichnung von relativ flachen aber landschafts- und geländeorientierten Touren oder Wettbewerben verwendet wird, hat sich für Wettbewerbe und Touren im bergigen Umfeld der Begriff Speed Hiking eingebürgert. So wird zum Beispiel beim Montafon Marathon die 33 km-Strecke explizit als 33 km Speed Hiking beworben.

Bei Lauf- und Marschveranstaltungen im hügeligen bis bergigen Gelände sind die ansonsten strengen Regeln der Nordic Walking Technik aufgehoben: die Stöcke dienen dabei der Abfederung in den Abwärtspassagen und der Steighilfe mit Doppelstockeinsatz bei den Anstiegen. Überall dort, wo die Strecke nicht ausdrücklich als Nordic Walking Strecke ausgeschrieben ist, darf auch gelaufen werden, wenn der Walker dies möchte. Im bergigen Gelände kann im freien Stil gegangen werden, eine korrekte Stockführung, wie sie im flachen Gelände gefordert wird, ist hier nicht vorgeschrieben, aber sie kann von Vorteil sein, wenn die Passagen flacher werden. Dafür kommt es bei den Trails mehr auf Kraft, Ausdauer, Trittsicherheit und Koordination des Nordic Walkers an. Zweifellos ist Speed Hiking anspruchsvoller als eine Nordic Walking Tour in einer Stadt, was sich auch im Training auf einen solchen Wettbewerb niederschlagen muss.

Für die Vorbereitung auf einen Wettbewerb im hügeligen bis bergigen Gelände ist es immer wichtig die Streckenlänge und die voraussichtliche Zeit, die für den Lauf / Walk benötigt wird, zu kennen. Neben der Länge der Strecke kommt bei Speed Hiking immer noch die Summe der Höhenmeter als zweiter zeitbestimmender Faktor hinzu.

Weil diese nicht im gewohnten schnellen Lauftempo zurückgelegt werden können, lässt sich die erwartete Zielzeit nicht einfach von der km/h Zeit hochrechnen.

Bei einer realistischen Einschätzung der eigenen Leistungsfähigkeit am Berg sowie seinem Grundtempo auf flacher Strecke kann man mit einer einfachen Faustregel die ungefähre Zeitvorstellung für die zu erwartende Endzeit berechnen.

Rechenbeispiel für benötigte Zeit bei Speed Hiking

Dazu wird benötigt:

Streckenlänge
Höhenunterschied
persönliche km/h-Zeit
Höhenmeter pro Stunde (Erfahrungswerte aus der Vergangenheit)

Man dividiert nun die Streckenlänge durch seine persönliche km/h-Zeit (1) und multipliziert die Minuten nach dem Komma x 60 Min (2)

Beispiel:
Wettkampfstrecke: 11 km
Höhenunterschied: 1000 hm
persönlichen km/h-Zeit: 10 km/h
zurückgelegte Höhenmeter/Stunde: 700hm/Stunde

(1) 11 : 10 = 1, 10
(2) 0,10 x 60 =6 Min (ohne Sekunden)

Die benötigte Zeit für die 11km beträgt demnach 1:06 Std.

Nun dividiert man die Höhenmeter durch die persönlichen Höhenmetern /Stunde (3) und multipliziert die Zahl nach dem Komma wieder mit 60 (4).

(3) 1000: 700 = 1,43
(4) 0,43 x 60 = 26 Minuten (ohne Sekunden)

Die benötigte Zeit für die 1000hm beträgt demnach 1:26

Nun addiert man zu der längeren Zeit die Hälfte der kürzeren Zeit (5):

(5) 1:26 Std. + 33 Min. = 1:59 voraussichtliche Endzeit

Die voraussichtliche Endzeit beträgt also 1:59 Std.

Nicht oft weicht diese jedoch in Richtung einer langsameren Gesamtzeit nach oben ab, wenn technische Schwierigkeiten hinzukommen wie nasses, rutschiges Gelände, Bachüberquerungen und Steilstufen oder Schnee, wie beim Vertical Up auf der Streif Skiabfahrtsstrecke oder Ermüdung durch zu schnelles Anfangstempo.

Je länger die Strecke, desto häufiger sind lange Trainingseinheiten in die Vorbereitung einzuplanen.

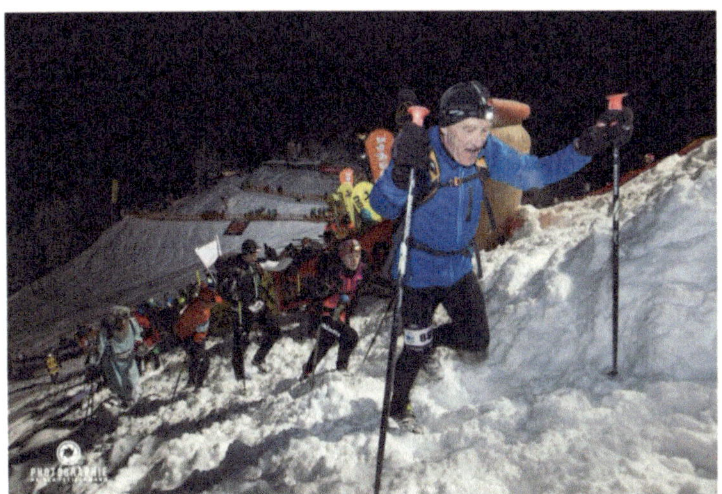

Abb. 10: Der Autor beim Schlussanstieg beim Vertical Up auf der Streif-Skirennstrecke in Kitzbühel

Darüber hinaus unterscheidet sich das Grundtraining durch die spezielle konditionelle Kraftausdauer der für Berganstiege benötigten Muskulatur von der Trainingsgestaltung, wie sie für Kurzdistanzen und Halbmarathon im klassischen Nordic Walking Stil beschrieben wurde.

Grundsätzlich sollte der Trailrunner oder Speedhiker über ein zweijähriges systematisch aufgebautes Ausdauertraining als Läufer oder Nordic Walker verfügen. Auf je mehr lange Einheiten mit 120 bis 180 Minuten Dauer der Läufer oder Walker zurückblicken kann, desto besser sind seine Grundlagen und die Fähigkeit auch eine intensivere Belastung, wie sie für Speed Hiking typisch sind, auszuhalten.

Wer Gefallen am Speed Hiking findet, sollte auch immer wieder Strecken in hügeligen oder weglosen Gelände in den Trainingsplan aufnehmen, um Knochen, Gelenke, Sehnen und Muskel an die neuen Belastungsreize anzupassen.

Neben der Grundlagenausdauer muss für das Trailwalking und Speed Hiking als spezielle konditionelle Vorbereitung zusätzlich auch die Kraftausdauer der funktionellen Muskeln trainiert werden. Ideal zur Verbesserung der lokalen Muskelausdauer sind kleinere Serien von Bergaufläufen, z.B.

- 2 Serien 15 – 20m sehr steil; jeweils 2 – 4 mal mit 2 Minuten Pause dazwischen und 10 Minuten Serienpause
- 4 – 6 mal 400m bei leichter Steigung von 6 – 8 %

Bei den langen Läufen bietet sich auch die Möglichkeit, Lauf und Walkingpassagen an die Beschaffenheit des Geländes anzupassen, wobei zwischen drei Methoden abgewechselt werden kann.

Kurze Aufwärtspassagen sind möglichst schnell zu walken wobei die Abwärtspassage zur Erholung zu nutzen ist. Diese Methode eignet sich bei welligem Gelände mit kurzen Anstiegen und Abwärtspassagen, sowie bei Wiederholungen an Brückenrampen oder bei Treppen.

Mit gleichmäßigem Puls zwischen An- und Abstiegen laufen durch langsames Tempo bergan und schnelles Tempo bergab.

Weite Läufe oder Walks auf langen aber flach ansteigenden Wegen mit etwa 7% Steigung; geeignet wären hier zum Beispiel Radwege entlang der Straßenführung. Die Auswahl entsprechender Strecken bleibt letztlich der Ortskenntnis der Sportler überlassen.

Das Training wird auf Strecken mit 5-7 % Anstieg und einer Länge von 200 – 400 Metern absolviert, diese sollen wiederholt in zügigem Tempo gelaufen werden. Wichtig dabei ist dass zuerst die Anzahl der Wiederholungen vergrößert wird und sich Gewöhnung an diese Läufe stabilisiert; wenn dies erreicht ist, nimmt dann die Anzahl der Wiederholungen ab und dafür das Tempo zu. Am Anfang gilt als Faustregel: diese Läufe nur so schnell angehen, dass man oben angekommen, noch im selben Tempo weiterlaufen könnte und sicher sein kann die Zahl der Wiederholungen im gleichen Tempo zu schaffen.

Ein Trainingsplan für ein Berglauf ist genauso zyklisch aufgebaut wie ein Plan für einen Stadtmarathon mit Zunahme der Belastungen im Drei-Wochen Zyklus sowie über die drei Blöcke von jeweils drei Wochen. Der Unterschied liegt einzig darin, dass von Beginn an Gelände und Hügelläufe fester Bestandteil des Trainings sind.

Tab.27: Trainingsplan für Marathon- (M) und Halbmarathon -Trailrun

	1. Woche	**2. Woche**	**3. Woche**	**4. Woche Ruhewoche**
Mo	70 Min, 10 Einl. 60 min. GA 1 , FS	80 Min, GA 1 mit speziellem Bergtraining	90 Min, GA 1 mit speziellem Berglauftraining	90 Min, lockerer Lauf in hügeligem Gelände (nicht intensiv)
D/Mi	60 Min GA1	60 Min GA1	60 Min GA1	60 Min GA1
Do	70 Min, mit Fahrtspiel	80 Min, mit Fahrtspiel	90 Min, GA 1 mit Fahrtspiel	
Sa	1:50 (**HM**) - 2:00 (**M**) GA 1	1:50 (**HM**) - 2:20 (**M**) GA 1	2.00 (**HM**) - 2:40 (**M**) , GA 1	120 Min locker
	5. Woche	**6. Woche**	**7. Woche**	**8. Woche Ruhewoche**
Mo	90 Min, GA 1 mit speziellem Berglauftraining	90 Min, GA 1 mit speziellem Berglauftraining	bis 100 Min, (**M**) GA 1 mit speziellem Berglauftraining	70 Min, GA 1
D/Mi	60 Min GA1	60 Min GA1	60 Min GA1	60 Min GA1
Do	90 Min, GA 1 mit Fahrtspiel	90 Min, GA 1 mit Fahrtspiel	Bbis 100 Min, (**M**) GA 1 / **HM** 90Min mit Fahrtspiel	70 Min,
Sa	2.00 (**HM**) bis 2:40 (**M**), GA 1	2:10 (**HM**) bis 3:00 (**M**)	2: 20, (**HM**) bis 3:00 (**M**) , alternativ 30. Min kürzer, dafür So: 2Std. Mountainbike oder Bergwanderung	1: 50 - 2:20 GA1

	9. Woche	**10. Woche**	**11. Woche**	**Wettkampf-woche**
Mo	bis 100 Min, **(M)** / 90 Min **(HM)** GA 1 mit speziellem Berglauftraining	bis 100 Min, **(M)** / 90 Min **(HM)** GA 1 mit speziellem Berglauftraining	70 – 80 Min, GA 1 lockere Hügelläufe	bis 100 Min, **(M)** / 80 Min **(HM)** GA 1 mit speziellem Berglauftraining
D/Mi	60 Min GA1	60 Min GA1	60 Min GA1	60 Min GA1 LD
Do	Bis 100 Min, (**M**) GA 1, **HM** 90Min mit Fahrtspiel	Bis 100 Min, (**M**) GA 1, **HM** 90Min mit Fahrtspiel	70 – 80 Min, GA 1	60 Minuten lockeres Traben mit 3 – 4 kurzen Beschleunigungen

9.2 Neue Herausforderung: die 24 Stunden Wanderung

Initiiert wurde diese Form sportlichen Wanderns von Hans Kammerlander, einem Extrembergsteiger und Berggefährten Reinhold Messner´s. Inzwischen werden die 24 Stunden Wanderungen auch in Deutschland zunehmend beliebter. Idealer Monat für die 24 Stunden Wanderung ist der Juni bis Mitte Juli, weil in dieser Zeit die Tage am längsten sind und das Tageslicht bis nach 22.00 Uhr ausgenutzt werden kann, bevor es dann mit der Stirnlampe noch weitergeht, bis ein geeigneter Platz für eine kurze Schlafrast gefunden wird. Da meistens im Freien übernachtet wird ist der Schlaf recht kurz, weil bereits um 4.00 Uhr die Morgendämmerung die Wanderer weckt. Für die Versorgung stehen ein oder mehrere Begleitfahrzeuge zur Verfügung mit denen die Wanderer an vereinbarten Treffpunkten, z.B. an Ortseinfahrten oder Wanderparkplätzen immer wieder zusammen treffen, um Getränke und Verpflegung aufzunehmen oder gemeinsam zu Abend essen oder frühstücken. Um an einer 24 Stunden Wanderung teilzunehmen, ist eine ausreichende Fitness Voraussetzung. Wer als Nordic Walker den Halbmarathon in 3 Stunden geschafft hat, sollte mit der 24 Stunden Wanderung konditionell kein Problem haben. Trotzdem geht es nicht ohne Willenskraft, aber gerade das macht für viele den Reiz an der Herausforderung aus, nämlich Strapazen und Müdigkeit überwinden und psychische Stärke aufbringen. Als Ausrüstung benötigt man gut eingetragene Trekking-, Lauf- oder Nordic Walking Schuhe, einen kleinen Rucksack, Getränkeflasche, Blasenpflaster, Stirnlampe, einen kleinen Notproviant sowie entsprechende Kleidung je nach Wetterlage und erwarteten Temperaturunterschieden. Da es sich bei den 24 Stunden Wanderungen meist um organisierte Veranstaltungen handelt, werden die Teilnehmer in aller Regel rechtzeitig über die Ausrüstungsliste und den genauen Ablauf der Veranstaltung informiert. Informationen zu den bekannten Veranstaltungen findet man unter:

www.bayern.by/24-stunden-von-bayern
www.24h-wanderlust.de
www.kammerlander.com
www.profiwalk.de
www.naturfreunde.de

9.3 Snow Walking als Trainings- und Wettkampfalternative im Winter

Trailwalking kann das ganze Jahr über praktiziert werden, wobei im Winter bei guter Schneelage Snow Walking eine tolle Alternative zum gewohnten Training bietet. Snow Walking ist nichts anderes als mit Stöcken und Schneeschuhen im Gelände unterwegs zu sein. Wenn es nicht möglich ist Teller an die Nordic Walking Stöcke zu adaptieren sind auch Skistöcke dafür geeignet. An das Gehen mit Schneeschuhen gewöhnt man sich schnell, wenn man es zuerst in der Ebene ausprobiert, denn es entspricht der Form des normalen Gehens. Wenn es dann in das Gelände geht, sollten Forstwege ebenso gemieden werden wie Skilanglaufspuren, weil der Schnee oft ausgetreten und teilweise vereist ist und andererseits die angelegte Langlaufspur mit den Schneeschuhen kaputt gemacht wird.

Schneeschuhgehen ist sportlich durchaus anspruchsvoll, denn der Schuh kann nicht wie ein Ski vorwärts geschoben werden sondern muss ganz aus dem Schnee herausgehoben werden und das erfordert Kraft und einen höheren Kniehub; aber – wie erinnern uns an die Prinzipien des sportlichen Trainings – es bringt auch Abwechslung ins Training und beugt der Monotonie vor. Zur Erholung unserer Seele findet es auch noch in einer reizvoll verschneiten Winterlandschaft abseits jeden Touristentrubels statt.

9.4 Ein Plädoyer für die Langstrecke

Strecken mit 100km, wie in Biel oder bei den legendären 100km del Passatore in Florenz oder die über die Marathondistanz hinausgehenden Streckenlängen bei Trailläufen, sind für ältere Läufer aber auch für Nordic Walker nicht nur machbar sondern auch gut zu bewältigen, weil wegen des von vorn herein geringeren Tempos sich der Läufer oder Walker in einer günstiger Stoffwechsellage als bei einem Stadtmarathon befindet. Ein vielseitiges Ausdauertraining, das auch den Skilanglauf oder Radfahren und einige Halbmarathonstrecken in der Vorbereitung einschließt, sollte für die meisten genügen. Wer über die Erfahrung über die Halbmarathonstrecke hinausgehender Wettkämpfe verfügt ist im Vorteil, weil das Nachlassen des Tempos im hinteren Streckenteil kennt und über die Erfahrung erfolgreich bestandener längeren Wettkämpfe verfügt.

Wenn für die älteren Teilnehmer die erreichte Endzeit für die persönliche Motivation keine Rolle spielt und die Streckenlänge zum Ziel geworden ist, dann bleiben bei den meisten dieser Veranstaltungen noch genügend Zeit für kurze Pausen, um an Verpflegungsstellen eine längere Rast einzulegen, sich kurz auszuruhen oder massieren zu lassen. Überhaupt sind muskuläre Verspannungen, Blasen oder andere Formen der Ermüdung das Hauptproblem bei den langen Strecken.

9. 5 Grenzen des Trainingsfortschritts

Jeder Sportler hat die Erfahrung gemacht, dass Fitnesssteigerungen im austrainierten Zustand oder mit der Anzahl von Jahren, bei der man schon bei einer Sportart dabei ist, nicht mehr so hoch sind, wie zu Beginn der Trainingsaufnahme.

Der Grund dafür ist der fallende Trainingsgewinn bei zunehmender sportlicher Leistungsfähigkeit. Deshalb machen Anfänger auch rasche Fortschritte in ihrer Fitness, während erfahrene Läufer überproportional mehr trainieren müssen um nur noch geringe Verbesserungen zu erreichen. Für einen älteren Läufer, der an diesem Punkt angelangt ist, macht ein härteres Training keinen Sinn mehr, denn mit der Erhöhung der Trainingsbelastung steigt nur die Verletzungsgefahr.

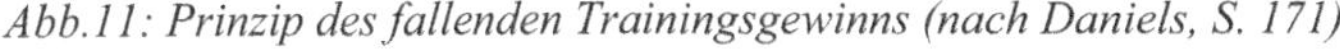

Abb.11: Prinzip des fallenden Trainingsgewinns (nach Daniels, S. 171)

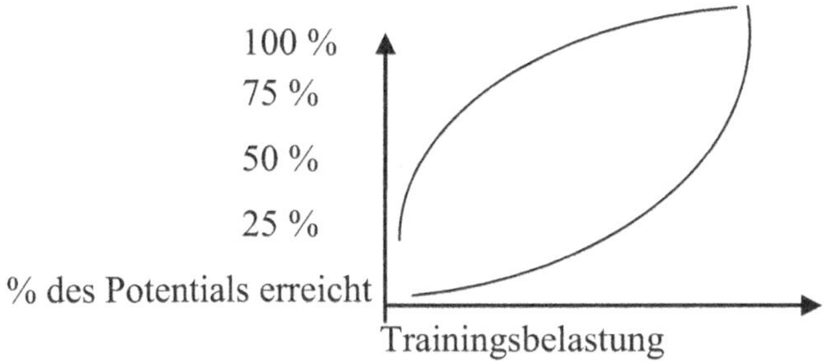

Das Prinzip des fallenden Gewinns besagt, dass der Nutzen aus der Trainingsbelastung immer geringer wird, je mehr die Belastung ansteigt. Superkompensation und Periodisierung sind keine Gegensätze sondern sinnvolle gegenseitige Ergänzungen. Mit dem über einen ganzen Jahreszyklus wellenförmigen Anstieg an Belastungssteigerung nimmt der Trainingsgewinn von Trainingseinheit zu Trainingseinheit ab, bis zu der Schwelle an der keine Verbesserung durch weitere Superkompensation mehr möglich ist. Spätestens zu diesem Zeitpunkt sollte ein Höhepunkt in der Jahresperiodisierung erreicht sein und nach dem Hauptwettkampf eine Ruhephase einsetzen.

10. Probleme beim langen Laufen und die Formen der Ermüdung

11.1 Strukturelle Ermüdung

Häufig kommt es bei den langen Wettbewerben zu kleineren Problemen wie Seitenstechen, Schweiß rinnt in den Augen oder Reibestellen schmerzen. Auch muskuläre Verspannung infolge der langandauernden Einseitigkeit der Bewegung und Blasen an scheuernden Stellen am Fuß oder an der Ferse sind häufig. Bei den ultra langen Strecken setzt die Ferse bis zu 100000 mal auf dem Boden auf, die Hornhaut kann sich aufweichen, sich mit Wasser füllen und aufplatzen. Zu den weiteren strukturellen Ermüdungsformen gehört auch der Muskelkater, der nach ungewohnten Belastungen als Folge von Mikroverletzungen in der Muskulatur eintreten kann. Dass der Muskelkater erst viele Stunden nach Belastungsende auftritt, hängt damit zusammen, dass in den Muskelfasern keine Schmerzrezeptoren vorhanden sind und der Schmerz erst durch den Abtransport der zerstörten Strukturen mit nachfolgender Flüssigkeitseinströmung und Austritt schmerzauslösender Substanzen wie Histamin die Schmerzempfindungen auslöst. Leichte und wiederholte aktiv dynamische Muskelbeanspruchung, wie ein regeneratives Walking in den Tagen danach sowie heiße Bäder und Saunagänge fördern die schnelle Wiederherstellung der verletzten Strukturen. Kontraindiziert sind hier Massagen, da sie nicht selten den Schmerz verstärken und zu Irritationen des Muskels führen.

Gegen Blasen und Druckstellen an den Füßen, Entzündungen und Reibestellen helfen dagegen oft einfache Hausmittel und Vorbeugungen. Diese im Lauf einer länger andauernden Belastung eintretenden Beschwerden führen meist auch zu einem Leistungsrückgang, den man als strukturelle Ermüdung bezeichnet. Meist tritt schnell Linderung ein, die Läsionen sind in ein paar Tagen vergangen.

1. Druckstellen an den Füßen
spezielle Laufsocken mit Flachnähten verwenden
Zehennägel kurz halten
auf gleichmäßige, nicht zu straffe Schuhschnürung achten
Einlagen auf Faltenbildung prüfen
Hornhaut mit Hirschtalg einreiben
Blasengefährdete Stellen vorzeitig mit Blasenpflaster überkleben

2. Reibestellen im Schritt/ unter den Armen
Sportbekleidung auf unsauber verarbeitete Nähte untersuchen
nicht zu enge Sachen anziehen
Problemzonen mit Vaseline einreiben

3. Schweiß in den Augen
Mütze oder Stirnband mit Schweißzone tragen
Schweißband am Handgelenk, um Stirn frei zu wischen
Wasserstelle nutzen, um Gesicht zu waschen

4. Entzündung der Brustwarzen
anderes BH- bzw. Sporthemdmaterial ausprobieren
Abkleben der Brustwarzen mit hautverträglichem und nässebeständigem Pflaster
Lotionspflege vor und nach dem Training

5. Seitenstechen
Hauptursache ist zu schnelles Gehen. Oft wird die Leber, gerade bei Anfängern oder nach längerer Pause mit der Kohlenhydratfreisetzung überfordert. Seitenstiche rechts sind die Folge. Ein deutlich langsameres Tempo muss gegangen werden. Gegebenenfalls hilft auch eine Gehpause, einen Schluck trinken und eine Hand voll Rosinen essen.
Oft sind sogenannte „Atemklemmer" die Ursache für Seitenstechen. Es hilft, einige Schritte zu gehen, die Luft kurz anzuhalten, etwas zu pressen und kräftig auszuatmen. Anschließend langsam weitergehen.

11.2 Die metabolische und elektrophysiologische Ermüdung

Von den Marathonläufern ist bekannt, dass sie sich vor dem „*Mann mit dem Hammer*" fürchten, „*er steht*" meistens irgendwo im letzten Drittel der Laufstrecke und zwingt die Läufer dazu, ihr Tempo zu reduzieren und sogar Gehpausen einzulegen. Wenn man davon ausgeht, dass der Läufer richtig trainiert und mit der nötigen Ausdauer an den Start gegangen ist, dann ist dieser Einbruch nichts anderes, als die Folge eines von Beginn an zu schnellen Loslaufens, so dass am Anfang zu viele Kohlehydrate verbraucht wurden, die nun nicht mehr zur Verfügung stehen und sich der Körper auf die trägere Fettverbrennung umstellen muss. Weil aber die Fettverbrennung mehr Sauerstoff benötigt, muss unweigerlich das Tempo reduziert werden. Die Folge davon ist Ermüdung und da sie mit dem Stoffwechsel zusammenhängt wird sie auch als **metabolische Ermüdung** bezeichnet. Sie tritt ein bei einer Diskrepanz zwischen Sauerstoff und Nährstoffbedarf der Muskulatur auf der einen Seite und seiner fehlenden Bereitstellung durch den Körper auf der anderen Seite. Durch das im Vergleich zum Laufen langsamere Tempo befindet sich der Walker in einer für die Sauerstoffversorgung der Skelettmuskulatur günstigeren Stoffwechsellage, weil die dazu notwendigen Muskelglykogenvorräte länger ausreichen und von vorn herein der Fettstoffwechsel viel mehr in die Energiebereitstellung einbezogen ist. Hinzu kommt, dass bei mehreren Stunden andauernder Lauf- und Walkingwettbewerben die Glykogenvorräte durch frühzeitige Nahrungsaufnahme, z.B. in Form leicht verdaulicher und kohlehydratreicher Nahrung noch während des Rennens wieder aufgefüllt werden können.

Ermüdungsanzeichen beachten

Ein gut ausdauertrainierter Nordic Walker sollte deshalb grundsätzlich leichter in der Lage sein, einen Leistungsabbruch wegen metabolischer Ermüdung zu vermeiden. Die

Ermüdung durch Umstellung des Stoffwechsels vom Glykogen auf Fettverbrennung muss nicht zum Abbruch des Wettkampfs führen, sie verlangsamt aber das Laufen und auch das Walken. Die metabolische Ermüdung ist auch ein Schutz vor Überanstrengung, denn nur unter Aufbringung höchster Willenskraft gelingt es das Tempo noch ein wenig durchzuhalten.

Wenn trotz Vorkehrungen dennoch ein Hungerast eintritt, so helfen schnell verwertbare Kohlenhydrate wieder auf die Beine, z. B. Cola als Flüssigkeit oder etwas Süßes. Im Notfall hilft auch Stück trockenen Gebäcks oder ein Schokoladenriegel. Traubenzucker hilft zwar noch schneller, aber vor seiner Einnahme sei gewarnt, denn kurze Zeit danach fällt der Blutzuckerspiegel wieder rasch ab, wenn nicht wieder neue Kohlenhydrate nachgefüllt werden.

Gefährlicher als die metabolische Ermüdung können für alle Sportler, die sich im Grenzbereich bewegen solche Ermüdungen sein, die als Folge einer Störung der Kalium- und Natriumkonzentration sowie des Wasserhaushaltes eintreten und durch Überanstrengung zustande kommen. Sie beruhen auf elektrophysiologischen Prozessen und gehen zurück auf Veränderungen der Natrium- und Kaliumkonzentration innerhalb der Zelle und im zwischenzellularen Raum, sowie von Veränderungen im Wasserhaushalt. Sie sind deshalb gefährlich, weil sie allmählich eintreten und der Sportler zunehmend benommener wird und die dadurch beeinträchtigenden Koordinationsstörungen an sich selbst oft gar nicht wahrnimmt. Wir kennen alle die Bilder – meist bei Läufern, die torkelnd weiterlaufen, sich im Ziel heftig übergeben, oder sich während eines Wettkampfs nach einem kurzen Zusammenbruch unter Aufbringung ihres gesamten Willens sich weiterschleppen. Später daraufhin angesprochen, erklären sie überrascht nichts von all dem mitbekommen zu haben. Für die koordiniert ablaufende Muskelarbeit, ihre Aktivierung und die

Ruhephase ist im Inneren der Zelle mit Hilfe von Sauerstoff und unter ATP-Verbrauch der Austausch von Natrium- und Kalium-elektrolyten notwendig. Dieser ständige Austauschprozess, der durch Natrium die Hemmung der ATP-Spaltung und durch Kalium ihre Aktivierung bewirkt, heißt im Fachbegriff die Natrium-Kalium Pumpe. Das Kalium wird deshalb auch als Akkumulationskraft in der Zelle bezeichnet, ohne Kalium keine Leistung. Wenn die Belastung in Wettkämpfen eine gewisse Schwelle überschreitet oder zu intensives Training im Sauerstoffmangel über längere Zeit durchgeführt wurde, wird das Kalium aus der arbeitenden Muskulatur als dauerhafter Verlust abgegeben und Natrium und Wasser eingelagert. Dieser Prozess der Überlastung führt zu starker Ermüdung und kann bis hin zum Leistungsabbruch führen. Der Muskel bedarf eines immer größeren Reizes zur Fortsetzung seiner Leistung, was in einem negativen Kreislauf zu einem noch größeren Verlust an Kalium in der Zelle und Vermehrung im venösen Blut führt.

11.3 Ermüdung als Folge von Wassermangel

Bei mittlerer Belastungsintensität und unter normalen Bedingungen verliert der Körper etwa 0,5-1 l Schweiß pro Stunde. Bei intensiven Belastungen, beim Sport in der Hitze und wenn auch noch Wind dazu kommt, trocknet der Schweiß auf der Haut schnell. Dies führt dann zu einem erhöhten Flüssigkeitsverlust von mehr als 3l Schweiß pro Stunde. Bereits bei einem Flüssigkeitsverlust von 2% des Körpergewichts - das sind bei einer 60 kg schweren Person 1,2 l. - verringert sich die Leistungsfähigkeit um bis zu 20 %. Der Grund ist eine Ermüdung, als Folge der Abnahme des Blutdrucks und des langsameren Blutflusses, womit sich zugleich auch die Sauerstoffversorgung der Muskulatur verschlechtert. Bei großer Hitze kann ein Defizit in der Flüssigkeitsaufnahme rasch zu einer gefährlichen, oben schon erwähnten elektrophysiologischen Ermüdung führen, weil es zu einem Ungleichgewicht zwischen Wasserverlust durch Schweißausscheidung und Natriumaufnahme gekommen ist. Verantwortungsvolle Ausrichter von längeren Wettbewerben bieten deshalb an den Verpflegungsstellen auch Kochsalz oder bei Berg- und Trailwalks auch warme Boullion an. Bei Wettkämpfen bis zu einer Stunde kann man ohne Wasseraufnahme auskommen, doch bei weiteren Strecken heißt es: Trinken ist Pflicht. Getrunken werden sollte dann auch schon bei der ersten Getränkestelle, denn wenn sich der Durst auch noch nicht mit trockener Kehle und klebriger Zunge bemerkbar gemacht hat, kann es dennoch bereits zu spät sein und der Leistungseinbruch ist schon erfolgt.

11. Lebenslang fit und gesund: Die Bedeutung der Mikronährstoffe

11.1 Der menschliche Körper ein biochemisches Labor

Die Anzahl der Buchstaben in diesem Buch würde für eine Aufzählung aller Proteine und deren Bestandteilen den Aminosäuren, die an der Regulierung unserer Lebensvorgänge beteiligt oder in sie eingreifen nicht ausreichen. Proteine sind Eiweiße und werden in erster Linie von den Genen hergestellt. Daneben nehmen wir sie und lebenswichtige Aminosäuren auch zusammen mit Spurenelemente, Vitaminen, Fetten, Kohlehydraten und Wasser mit unserer Nahrung auf; sie reagieren in vielfältiger Weise miteinander und regeln in Interaktion mit unseren Genen alle körperlichen Prozesse von der Verdauung, Energiebereitstellung, Schlaf und Wachheit, Reaktionsvermögen, Stimmungen wie Freund und Leid oder Depression als krankhafte Steigerung davon, die Immunabwehr, mit Ihrem Gegenteil den Autoimmunerkrankungen – sie sind buchstäblich an jedem Prozess innerhalb einer Zelle beteiligt. Chemische Elemente und Moleküle dringen auch in durch Menschen veränderte oder hergestellten Form in uns ein und reagieren ebenfalls in biochemischen Reaktion mit anderen Substanzen und tragen in positiver oder negativer Form zu unserer Stärkung und Heilung (Medikamente) oder bei oder zur Schwächung bei und werden zu Risikofaktoren, die sich langfristig negativ in unserem Leben auswirken. Als Beispiele sind die abträglichen Auswirkungen von Schwermetallbelastung, Glyphosat und Antibiotika in unserer Nahrungskette oder der übermäßigen Genuss von Alkohol oder Tabak den meisten bekannt. Die Zusammensetzung unserer Nahrung mit dem richtigen Mix von Spurenelementen, Vitaminen und Aminosäuren entscheiden nicht nur über unsere kurzfristige Leistungsfähigkeit – natürlich auch im Sport – sondern im wahrsten Sinne und auf lange Sicht über Leben und Tod. So stimmt es schon, wenn man sagt, der Mensch ist was er isst.

Es ist noch nicht so lange her, als ganze Schiffsmannschaften an Skorbut erkrankten und viele von ihnen auch starben, weil sie auf den langen Zeit auf See kein Vitamin C-haltiges frisches Obst und Gemüse vorhanden war. Während bis Skorbut bis weit ins 18. Jahrhundert die Haupttodesursache war, fand man bei aufgefundenen Gräbern der Teilweise vermisst gebliebenen Mannschaft der Franklin Expedition hohe Bleiwerte im Gewebe sowie einen extremen Zinkmangel bei der Analyse ihrer Finger- und Fußnägel. „Der starke und anhaltende Zinkmangel könnte demnach durchaus ausgereicht haben, um die aufgefundenen Leiche und den Rest der Mannschaft entscheidend zu schwächen", meinen die Forscher. „Wahrscheinlich litt die Mannschaft wegen ihres kaum noch funktionierenden Immunsystems an hartnäckigen Infektionen und war zudem extrem schwach. Die Anwendung modernster Wissenschaft könnte damit ein 170 Jahre altes Rätsel gelöst haben", kommentiert Chris O'Hunt, einer der Herausgeber des Fachmagazins. (Journal of Archaeological Science: Reports, 2016; doi: 10.1016/j.jasrep.2016.11.042

11.2 Die wichtigsten Spurenelemente im Sport und ihre Bedeutung für Fitness und Gesundheit

Bei unserem Überangebot an Nahrung ist eine lebensbedrohliche Situation durch eine Mangel an Mikronährstoffen, Vitaminen oder Proteinen so gut wie ausgeschlossen. Dennoch werden in den Ernährungsberichten in nahezu allen Personengruppen vorhandene Defizite mit einem erhöhten Bedarf und der Ausbildung von Mangelsymptomen festgestellt (Gröber, 2006). Ein erhöhter Bedarf an Mikronährstoffen, Vitaminen und bestimmten Proteinen besteht generell bei Sportlern, insbesondere auch bei älteren Sportlern und kann schnell zu schweren Mangelsymptomen führen, wenn

Überforderung und mangelnde Regeneration oder Übersäuerung durch Ernährungsfehler hinzukommen. Das heißt fit und gesund ist, wer die lebenswichtigen Spurenelemente und Aminosäuren in möglichst hoher Annäherung zu den Normwerten in Blut aufweist,

Spurenelemente	**Normwerte[1] (Serum)**	**Essentielle Aminosäuren**	**Nor**
Natrium	135 – 145 mmol/l	Taurin	54 –
Kalium	3,6 – 4,8 mmol/l	Methionin	10 -
Eisen	50 – 150 µg/dl	Valin	120 -
Calcium	2,2 – 2,6 mmol	Leucin	70 -
Magnesium	0,0 – 1,1 mmol	Histidin	70 -
Zink	0,75 – 1,25 mg/l	Phenylalanin	35 -
Kupfer	80 – 125 µg /dl	Threonin	60 -
Selen	100 – 135 µg/l	Tryptophan	10 -

Tab.28: Die wichtigsten Spurenelemente im Sport

Welches der Spurenelemente das wichtigste ist, darüber gibt es keine einheitliche Auffassung, denn nur mit einer ausreichenden Menge aller Spurenelemente können alle Funktionen im Körper reibungslos ablaufen. Von jedem Spurenelement gibt es im menschlichen Stoffwechsel weniger als 50 mg pro kg Körpergewicht. Insgesamt ergeben alle Spurenelemente im Organismus weniger als 0,1 Prozent der Körpermasse.

Natrium und Kalium sind beide für den Wasserhaushalt und die Übertragung von Nerven und Muskelreizen von größter Bedeutung und immer im Spiel, wenn es um Muskelarbeit und der Ausübung von Sport geht.

---

1 Entnommen aus: Mikronährstoffe, Beratungsempfehlungen für die Praxis,
2 Referenzbereiche der Aminosäuren im Plasma / Serum in µmol / l
https://www.medizin-zentrum dotmund.de
/de/uploads/pdfs2007/aminosaeuren_(serum).pdf

Durch die Konzentrationsunterschiede von Kalium im Zellinneren und Natrium in sogenannten intersistiellen Raum wird eine elektrische Spannung aufgebaut mit der die sogenannte Natrium-Kalium-Zellpumpe betrieben wird. Ihre Wirkung besteht darin, dass durch Natrium die Hemmung der ATP-Spaltung und durch Kalium ihre Aktivierung bewirkt. Die Natrium – Kalium Pumpe koordiniert im Inneren der Zelle mit Hilfe von Sauerstoff und unter ATP-Verbrauch die ablaufende Muskelarbeit, ihre Aktivierung und die Ruhephase durch den Austausch von Natrium- und Kaliumelektrolyten. Das Kalium wird deshalb auch als Akkumulationskraft in der Zelle bezeichnet, ohne Kalium keine Leistung. Wenn die Belastung in Wettkämpfen eine gewisse Schwelle überschreitet oder zu intensives Training im Sauerstoffmangel über längere Zeit durchgeführt wurde, wird das Kalium aus der arbeitenden Muskulatur als dauerhafter Verlust abgegeben und Natrium und Wasser eingelagert. Dieser Prozess der Überlastung führt zu starker Ermüdung und kann bis hin zum Leistungsabbruch führen. Der Muskel bedarf eines immer größeren Reizes zur Fortsetzung seiner Leistung, was in einem negativen Kreislauf zu einem noch größeren Verlust an Kalium in der Zelle und Vermehrung im venösen Blut führt Die Erzeugung eines Kochsalz oder Kaliummangels durch Schwitzen oder Trinken von zuviel kochsalz- und mineralarmen Wassers kann es zu schweren Schädigungen bis hin zum Kollaps oder Tod kommen. Kalium ist innerhalb der Zelle für die Aktivität vieler Enzyme notwendig.

Neben Kalium ist auch **Magnesium** ein gleichwertiges Leistungselement; es dient der Stabilisierung des in jeder Zelle vorhandenem Energiespeichermoleküls ATP und ist bei den Regulationsvorgängen aller Enzymsysteme beteiligt: Psychologisch gleicht es Nervosität und Ängste aus und wirkt auch noch antidepressiv. Gleichzeitig beeinflusst Magnesium aber auch den Calcium-Haushalt im Körper.

Calcium gehört zu den am meisten bekannten Elementen und dient in erster Linie dem Aufbau von Knochen und Zähnen und gilt als wahrer Nervenstärker und als Anti-Stress-Mineral, weil ähnlich der Wirkung von Magnesium entspannt und beruhigt.

Eisen ist der Träger für den Sauerstofftransport im Blut und ist an der Blutbildung beteiligt. Durch die Steigerung des Sauerstofftransports im Blut verbessert es die Leistungsfähigkeit der Muskulatur und hilft dem Immunsystem bei der Bekämpfung von Infektionen, weshalb es bei Entzündungen zu Eisenmangel kommen kann.

Kupfer hat ähnlich wie Eisen innerhalb der Atmungskette eine wichtige Funktion für den Elektronentransport und den Energieumsatz innerhalb der Zelle. Eine zweite Bedeutung ist unverzichtbare Beteiligung an der Bindegewebssynthese. Ein Mangel zeigt sich in schwachem Bindegewebe und Wänden der Blutgefäße.

Selen schützt als Antioxidans die Zelle und beugt vielen Erkrankungen, insbesondere degenerativen Erkrankungen und Krebs vor. Eier und Fleisch sind gute Selen-Quellen und sollten zur Bedarfsdeckung ausreichen.

Zink ist unverzichtbar für den Aufbau von Hormonen und Körpereiweis und ist damit an über 100 Enzymsystemen beteiligt. es stärkt das Immunsystem und beschleunigt die Regeneration nach Erschöpfungsphasen. An Zinkmangel kann na sogar sterben oder dauerhafte Schädigungen erleiden, es kann zu einer Immunschwäche kommen, weil das immunologische Gedächtnis versagt. Für Sportler, insbesondere Hochleistungssportler und für sportlich aktive ältere Menschen ist die Beobachtung des Zinkstatus besonders anzuraten, weil durch den erhöhten Verschleiß Infekte hervorgerufen werden und wenn auch noch ein Mangel an Aminosäuren besteht, sich die Muskulatur abschwächt.

Aminosäuren

Während die Spurenelemente wesentlich für den Aufbau von Körperstrukturen und den das reibungslose Ineinandergreifen der enzymatischen Prozesse unterstützen sind **Aminosäuren** die chemischen Bestandteile der Proteine und an jedem einzelnen Prozess innerhalb der Zelle beteiligt. Alle Aminosäuren, die nicht vom Körper selbst hergestellt werden können und deshalb mit der Nahrung aufgenommen werden müssen, heißen „essentiellen Aminosäuren". Die Empfehlung bei der Ernährung auf viel Obst und Gemüse zu achten bekommt vor diesem Hintergrund seine ganz besondere Bedeutung. Wenn wir etwas gegessen haben, beginnt das chemische Labor in unserem Körper die Proteine in ihre Aminosäuren zu zerlegen, die dann in die Blutbahn aufgenommen und in die Zellen transportiert werden, wo sie bei der Energieerzeugung und dem Ablauf lebenswichtiger Funktionen verwendet werden.

Die Aminosäuren sind für Wachstum, den Schutz der Zellen und des Gewebes und für die Immunabwehr unentbehrlich. Ohne Aminosäuren findet kein Muskelaufbau und keine Muskelfaserregeneration statt, sie steuern auch die Bausteine für den Eiweißaufbau und die Proteine im Gewebe. Ihr Bestand verändert sich im Körper von Minute zu Minute, je nach den im Organismus gerade ablaufenden Vorgängen. Ohne Aminosäuren ist keine Leistung und keine Gesundheit möglich. Wer sich dauerhaft und nicht nur nach einem anstrengenden Training schlapp fühlt, sollte erstens seine Ernährungsgewohnheiten überprüfen und seine Werte der essentiellen Aminosäuren überprüfen lassen.

Taurin	Verbessert die Fettverbrennung
Methionin	Wichtig für Eiweißaufbau und Fettverbrennung und Hormonbildung
Valin	Immunsystem
Leucin	Wesentlich für die Ausdauerbelastung
Histidin	Trägt zum Aufbau des sauerstoffüber-

	tragendenden Blutfarbstoffes bei und hilft bei Regeneration und Erneuerung von Körperzellen
Phenylalanin	Wesentlich für die Gehirnbotenstoffe, wie Endorphine, Glückshormon und Noradrenalin
Threonin	Fördert die Durchblutung durch Weitstellung der Gefäße
Tryptophan	Stressregulator, Vorsubstanz bei der Bildung der Neurotransmitter Serotonin und Melatonin

Tab.29: Spezielle Funktion essentieller Aminosäuren für Sport und Gesundheit

11.3 Spurenelemente in der Ernährung

Ohne eine bestimmte Menge an Aminosäuren und Mikronährstoffen sind keine Leistung und vollkommene Gesundheit möglich. Fehlende Wirkstoffe müssen erkannt und ergänz werden. Die einfachste Möglichkeit dazu besteht in der Zusammenstellung und wo notwendig auch der Umstellung der täglichen Ernährung. Gerade für Ältere Sportler ist es wichtig ein Auge auf ihre Werte bei den Spurenelementen und Aminosäuren zu achten, denn für sie besteht teilweise ein erhöhter Bedarf an Proteinen zum Erhalt der Muskelzellmasse. Wo ein erhöhter Bedarf nicht durch die Nahrungsaufnahme oder eine Präparateauswahl abgedeckt wird, zeigt Ihnen der Körper durch die Herausbildung von Mangelsyndromen recht schnell, dass er nicht fit ist und was ihm fehlt. Häufige Anzeichen dafür sind bestimmte Störungen wie Haarausfall, Nagelveränderungen, Abwehrschwäche, Müdigkeit und Leistungsverlust.

Wir haben deshalb in Anlehnung an die Beratungsempfehlungen für den Bedarf an Mikronährstoffen (Gröber 2006) in der nachfolgenden Tabelle die für Sportler und ältere Menschen wichtigsten Aminosäuren und Mikronährstoffen zusammengestellt und dabei insbesondere darauf geachtet, für welche Gruppen wegen eines erhöhten Verbrauchs ein besonderer Bedarf besteht und wie sich ein Mangel daran auswirkt und sichtbar wird. Ergänzt wird die Zusammenstellung noch durch Hinweise, welche Nahrungsmittel diese Stoffe in ausreichender Menge enthalten. Bei Bedarf könnten diese zukünftig vermehrt in das Ernährungsprogramm aufgenommen werden.

	Erhöhter Bedarf*	Mangelsymptome (allg.)	Pimärer Nährstoffträger in Obst und Gemüse
Natrium	Viel Schwitzen, nach Erbrechen u. Durchfall, Ausdauersport	Kopfschmerzen, Konzentrationsstörung, Schwindel, Verwirrtheit	Brot
Kalium	Sport und starkes Schwitzen, häufige Diäten	Leitsymptom ist die Muskelschwäche, Müdigkeit, Apatheit	Blumenkohl, Bohnen, Kartoffeln
Eisen	Ausdauersportler, Hämolyse unter Ferse, Blutspender, häufige Entzündungen	Leistungsfähigkeit Kälteempfindlichkeit, Haarausfall, löfflige Nägel	Linsen, Rote Beete, Schwarzwurzeln, Spargel,
Calcium	Häufige Diäten, Vitamin D-Mangel	Rachitis, Osteoporose, Muskelkrämpfe	Brokkoli, Fenchel
Magnesium	Stress, Sport, Diäten und Alkoholmissbrauch	Geringe Stresstoleranz, Schlafstörungen, Lärmempfindlichkeit, Angst, Depression, Wadenkrämpfe	Mais, Spargel, Erbsen
Zink	Alkoholmissbrauch, Sportler, Senioren,	Chronische Müdigkeit, Appetitlosigkeit, Haarausfall, Wundheilung	Grüne Erbsen, Haferflocken, Paranüsse
Kupfer	Sport, Schweiß	Müdigkeit, neuro-	Linsen, Rote Bee-

		logische Störungen, Schlaflosigkeit	te, Schwarzwurzeln, Grüne Erbsen
Selen	Vegetarische Ernährung	Infektanfälligkeit, Müdigkeit, Depression	Kohlrabi, Rosenkohl, Tomaten
Taurin		Immunschwäche	Muscheln, Thunfisch, Schweineschnitzel
Methionin	Leistungssport, Stress	Wundheilungsstörung, Gewichtsverlust (Muskel)	Brokkoli, Erbsen, Linsen, Spinat
Valin, Leucin	Physischer Stress, Leistungssport	Abgeschlagenheit, Muskelschwäche	Sojabohnen, Ei, Forelle, Thunfisch
Histidin		Blutarmut (Anämie), Verzögerung der Geweberegeneration und Wundheilung	Thunfisch, Schweinefilet, Hühnerbrust, Linsen
Phenylalanin	Müdigkeit, Antriebslosigkeit		Sojabohnen, Linsen, Haferflocken
Threonin	Müdigkeit, Antriebslosigkeit		Sojabohnen, Linsen, Fleisch
Tryptophan		Unruhezustände, Schlafstörungen	Nüsse, Bohnen, Samen (Amaranth, Quinoa)

Tab.31: Mikronährstoffe – erhöhter Bedarf – Mangelsyndrome und primäre Nährstoffträger

* Nicht in der Liste enthalten sind die höheren Bedarfe beim Wachstum von Kindern, Schwangerschaft und Stillzeit, sowie die höheren Bedarfe, die infolge von Krankheiten, nach Unfällen und Operationen entstehen, sowie nach genetisch bedingten Störungen in der Resorption und Verwertbarkeit

---

Tabellen- und Abbildungsverzeichnis

Tabellen

Abbildungen

Literaturverzeichnis

Aaken, E.van, Programmiert für 100 Lebensjahre, Meyer & Meyer, Aachen 1993

Aaken, E.van, Lauflehrbuch, Meyer & Meyer, Aachen, 4. Aufl. 1998

Agus, David, Leben ohne Krankheit, Piper, München

Boutellier, U.; Ulmer, H-V., Sport- und Arbeitsphysiologie, in: Schmidt, R. Lang, F. (Hrsg.) Physiologie des Menschen, Springer, Heidelberg 2007

Daniels, J., Die Laufformel. Edition Liaunigg, Wien 2005

Dickhuth H. H., Aufenanger W., Schmidt P., Simon G., Huonker M., Keul J., Möglichkeiten und Grenzen der Leistungsdiagnostik und Trainingssteuerung im Mittel und Langstreckenlauf. Leistungssport 19 (4),1989: 21-24

Dickhuth H. H., Röcker K., Mayer F., Nieß A., Horstmann T., Heitkamp H. Ch., Dolezel P., Bedeutung der Leistungsdiagnostik und Trainingssteuerung bei Ausdauer und Spielsportarten. Deutsche Zeitschrift für Sportmedizin 1 1996: 183 - 189

Diem, C.J. Walking –Grundlagen des Ausdauersports, Meyer & Meyer, Aachen 2002

Despopoulos, A. & Silbernagel, S., Color Atlas of Physiology, Thieme, Stuttgart 2003

Fair,R.C., How fast do old man slow down, Intern. Bureau of economic research, 1994,

Fartacek, R., zit. in: Horn, F., Berge als Anti-Depressivum, in Berg 2018, S. 95 - 97

Gollner, W., Speed Hiking – die sportliche Form des Wanderns, Meyer & Meyer, Aachen 2012

Gröber,U., Mikronährstoffe, Beratungsempfehlungen für die Praxis, Wissenschaftliche Verlagsgesellschaft, Stuttgart, 2006

Hahn,T., Mach mal langsam, Süddeutsche Zeitung 2./3. 2015, S. 47

Hottenrott K. & Neumann G., Trainingswissenschaft. Ein Lehrbuch in 14 Lektionen (3. Aufl.). Meyer & Meyer, Aachen 2016

Kleinmann, D., Laufen und Walken im Alter, Springer, Wien 2006

Leyk, D., Leistungsfähigkeit im mittleren und höheren Lebensalter, Schleswig-Holsteinisches Ärzteblatt 3, 2008, S. 49 – 55

Martin D.; Coe, P.N., Mittel- und Langstreckentraining 2001, Meyer & Meyer, Aachen, 1995

Martin D., Carl K. & Lehnertz K., Handbuch Trainingslehre (3. Aufl.).: Hofmann, Schorndorf, 2001

Neumann, G., Pfützner, A. & Hottenrott, K.: Alles unter Kontrolle - Ausdauertraining, Meyer & Meyer, Aachen, 2000

Prochnow T. & Welz, R. Laufen in Regensburg -Trainingstips für Anfänger und Fortgeschrittene mit den schönsten Laufstrecken der Region, LAS Verlag, Regensburg 1999

Prochnow, T., Bringmann, W. & Hammer,C., Laufen ohne Beschwerden, Prävention, Therapie, Rehabilitation, LAS Verlag, Regensburg, 2002

Roux,W., 1895 Gesammelte Abhandlungen über die Entwicklungsmechanik der Organismen. Band I: Funktionelle Anpassung. Wilhelm Engelmann, Leipzig, 1895.

Sallis JF, Owen N (1998) Physical activity and behavioral medicine. Thousand Oaks: Sage

Schnabel,G., Harre,H-D., & Krug,J. (Hrsg.), Trainingslehre – Trainingswissenschaft, Meyer & Meyer, 2008

Sonntag, W., Mehr als Marathon. Handbuch für Langläufer, Band 1, Meyer & Meyer, Aachen 1985

Steinhöfer,D., Grundlagen des Athletiktrainings Philippka Verlag, Münster, 2003

Steffny, H., Walking, Südwest Verlag, 2003 und Klaus Bös, Handbuch für Walking, Meyer & Meyer Verlag, Aachen 2000

Steffny, M., Marathon Training, Hermann Schmid Verlag, Mainz, 2001

US Department of Health and Human Services (1996) Physical activity and health: A report of the Surgeon General. Centers for Disease Control and Prevention: Atlanta, USA

Welz, R., Nordic Walking Training. Vom Einsteiger bis zum Marathon, Roderer, Regensburg 2017

http://www.fitness-und-workout.de/zehn-beliebtesten-sportarten-deutschen

https://www.leichtathletik.de/ fit-gesund/walking

www.anschieber.jimdo.com

https://www.meteoblue.com/de/wetter/vorhersage/archive/biel

http://www.marathon-ergebnis.de/ErgebnisDatenbank.html

http://www.marathon-ergebnis.de/LaufzeitCluster.html

https://www.ncbi.nlm.nih.gov/pmc/articles/PMC3981549/

http://www.loges.de/de/services/magazin/sport-ueber-50/

http://www.laufreport.de/kolumnen/werth/akrekord/akrekord.htm

https://commons.wikimedia.org/w/index.php?curid=41256682

Über den Autor

Dr. Rainer Welz war beruflich als Epidemiologe in Mannheim am Zentralinstitut für Seelische Gesundheit und der Universität Göttingen tätig und während dieser Zeit auch Berater bei der Weltgesundheitsorganisation. Seit mehr als 35 Jahren betreibt er aktiv Ausdauersport, zuerst als Läufer mit Teilnahmen unter anderem am New York City Marathon und vielen Bergklassikern, später dann als begeisterter Nordic Walker und Race Walker. Um den Nordic Walking Sport bekannter zu machen und aufzuwerten gründete er das bisher einzige Nordic Walking Internetportal profiwalk.de, in dem auch deutschlandweit alle Nordic Walking Veranstaltungen gelistet sind. Im Nordic Walking Sport blickt er auf zahlreiche Erfolge zurück. Herausragend sind die beiden ersten Plätze in der Altersgruppe beim Aletsch Halbmarathon und beim Kyfhäuser Berglauf, sowie die beiden sechsten Plätze bei der Nordic Walking Weltmeisterschaft in der Halbmarathondistanz und der 10km Distanz bei der Europameisterschaft. Ebenfalls war er Teilnehmer beim Kitzbühel Vertical Up auf der berüchtigten Skiabfahrt der Streif. Als erster Nordic Walker wagte er sich an die 56km Distanz bei den Bieler Lauftagen und gilt als Experte für Langstrecke und Ausdauer.